Language Articulation

Language Articulation

(SENTENCES)

Rupika Raj

GenNext Publication

ISBN: 978-93-5324-934-2

"An Imprint of Kalpaz Publication"

First Published, 2022

Published by

GenNext Publication
5, Ansari Road
Daryaganj, New Delhi-110002
Phone: 9811692060
E-mail: gennextpublication@hotmail.com

Printed at: Gyan Press, Delhi.

Contents

LANGUAGE ARTICULATION

This book is not teaching Grammar, not even attempting to acquaint you with the new words. It's merely giving you a collection of +4000 sentences used frequently in everyday conversation or day-to- day situation. They have been crafted with an intention to help the language lovers at their best. Readers are supposed to read out the sentences so very often, record them in their voice, put on display after segregating them and lastly teach the same to someone else to get the best out of this book.

This is by all means dedicated to you, the reader.

I greatly thank all the very good people from around the planet who have stood with me to the completion of LANGUAGE ARTICULATION (SENTENCES). I express heartfelt gratitude to my family members, my teachers and especially my students. Moreover, my book wouldn't have been possible without the sources I used and I recommend readers to make the best use of them too. Here they are:

- OXFORD DICTIONARY: A.S. HORNBY
- SEARCH ENGINE: GOOGLE
- ROBIN SHarma's book " 5 A.M. Club.

Chapter – 1

Instructions

1. Do this quickly.
   इसे जल्दी कर दो।
2. Don't mess up the house.
   घर को अस्त व्यस्त मत करो।
3. Make the bed.
   बिस्तर लगा दो।
4. Arrange the bed.
   बिस्तर व्यवस्थित कर दो।
5. Go get it from that shop.
   उस दुकान से यह जाकर ले आओ।
6. Fill water into the bucket.
   बाल्टी में पानी भर दो।
7. Don't tease me.
   मुझे मत चिढ़ाओ।
8. Don't vex him.
   उसे तंग मत करो।
9. Don't get on my nerves.
   मेरी नाक में दम मत करो।
10. Get your hair cut.
    अपने बाल कटवा लो।
11. Serve me meal please.
    कृप्या मेरा खाना परोस दीजिए।
12. Do what I say.
    जो मैं कहती हूँ वो करो।
13. Pour some coffee into this cup.
    इस कप में थोड़ी कॉफी डाल/उड़ेल दो।
14. Make one more attempt.
    एक प्रयास और करो।
15. Show me now.
    मुझे अभी दिखाओ।
16. Lend me your bicycle, please.
    कृप्या मुझे अपनी साइकिल उधार दे दो।
17. Don't borrow money from him.
    उससे पैसा उधार मत लो।
18. Stay away.
    दूर रहो।
19. Rinse all the clothes.
    सारे कपड़े खंगाल लो।
20. Wring/squeeze the towel properly.
    तौलिये को अच्छी तरह निचोड़ो।
21. Latch the door.
    दरवाज़े की कुंडी लगा दो।
22. Leash the dog.
    कुत्ते को जंज़ीर/चेन से बाँध दो।
23. Unleash the lion.
    सिंह को जज़ीर–मुक्त कर दो।

24. Strain the tea into cups.
कप में चाय छान दो।

25. Don't forget to remind me.
मुझे याद दिलाना मत भूलना।

26. Let it boil for some more minutes.
इसे कुछ मिनट और उबलने दो।

27. Let it go.
(इसे) जाने दो।

28. Let them settle the matter.
उन लोगों को मामला सुलझाने दो।

29. Get it done within half an hour.
आधे घंटे के भीतर इसे करवा दो।

30. Don't spill the water here and there.
यहाँ–वहाँ पानी मत बिखेरो।

31. Let it happen.
(इसे) होने दो।

32. Sprinkle some salt on this.
इस पर थोड़ा नमक छिड़को।

33. Keep your back straight.
अपनी पीठ सीधी रखो।

34. Follow the instructions.
निर्देशों का पालन करो।

35. Wake me up sharp at 5.
मुझे ठीक पाँच बजे उठा देना।

36. Play some old songs.
कुछ पुराने गाने बजाओ।

37. Get your hair trimmed.
अपने बाल छोटे करवा लो।

38. Get down at the next stop.
अगले स्टॉप पर उतर जाना।

39. Speak softly.
धीमा बोलो।

40. Speak slowly.
धीरे बोलो।

41. Clip your moustache.
अपनी मूँछों को छोटी करो।

42. Pare your nails.
अपने नाखून काट लो।

43. Fetch vegetables from the market.
बाज़ार से सब्जियाँ ले आओ।

44. Don't hide anything from me.
मुझसे कुछ मत छिपाओ।

45. Don't lie to your parents.
अपने माता–पिता से झूठ मत बोलो।

46. Don't make silly excuses.
बेकार के बहाने मत बनाओ।

47. Never demoralize anyone.
कभी किसी को निरुत्साहित मत करो।

48. Don't get me wrong.
मुझे ग़लत मत समझो।

49. Don't humiliate anyone.
किसी को नीचा मत दिखाओ।

50. Don't pull his legs.
उसकी खिंचाई मत करो।

51. Put it aside.
इसे एक तरफ रख दो।

52. Don't poke your nose.
अपनी नाक मत घुसेड़ो।

53. Calm down.
शांत हो जाओ।

54. Please look into this matter.
कृप्या इस मामले की जांच–पड़ताल करो।

55. Soak the rice for 20 minutes.
चावल को बीस मिनट के लिए भिंगो दो।

56. Don't procrastinate.
टालमटोल मत करो।

57. Don't pretend.
दिखावा मत करो।

58. Don't blame yourself for anything.
किसी भी बात के लिए ख़ुद को दोष मत दो।

59. Be what you are.
जो हो वही रहो।

60. Don't try to be what you are not.
जो तुम नहीं हो वो होने की कोशिश मत करो।

61. Don't act pricey.
भाव मत खाओ।

62. Treat everyone with respect.
सबके साथ सम्मान से पेश आओ।

63. Don't put things on hold.
चीज़ों को लटकाकर मत रखो।

64. Don't shirk from your duties/work.
अपने काम से जी मत चुराओ।

65. Don't shrug your shoulders.
अपने कंधे मत उचकाओ।

66. Don't brag.
डींग मत हांको।

67. Don't beat about the bush.
घुमा–फिराकर बातें मत करो।

68. Come upstairs.
ऊपर आओ।

69. Go downstairs.
नीचे जाओ।

70. Get back to me.
वापिस मुझसे संपर्क करो।

71. Hold it for some time.
थोड़ी देर के लिए इसे पकड़ो।

72. Wait for some more time.
थोड़ी देर और इंतज़ार करो।

73. Prick a hole here into the wall.
दीवार में यहाँ पर एक छेद करो।

74. Don't peep into others' houses.
दूसरों के घरों में मत झाँको।

75. Peep into your heart.
अपने दिल में झाँको।

76. Never talk when you can nod.
कभी भी तब बात मत करो जब सर हिलाने से काम चल सकता हो या सर हिला सकते हो।

77. Don't nudge me.
मुझे कोहनी मत मारो।?

78. Don't wink at me.
मुझे इशारे मत करो या मुझे आँख मत मारो।

79. Get some sleep first.
पहले थोड़ी नींद लो।

80. Take him to any nearby hospital.
उसे नजद़ीक के किसी अस्पताल में ले जाओ।

81. Take it home.
इसे घर ले जाओ।

82. Let her do what she wants.
वह जो चाहती है उसे करने दो।

83. Drain it properly.
इसे अच्छी तरह निथार लो या इसका पानी अच्छी तरह निकाल लो।

84. Sieve the flour.
आटा छान दो।

85. Knead the flour.
आटा गूंध दो।

86. Plait my hair.
मेरे बालों में चोटी गूंथ दो।

87. Don't pluck unripe mangoes.
कच्चे आम मत तोड़ो।

88. Wind it up.
इसे समेट लो या इसे लपेट लो।

89. Don't sprawl like this.
इस तरह मत पसरो।

90. Don't backbite.
चुग़ली मत करो।

91. Don't slurp the tea.
चाय पीते वक़्त आवाज़ मत करो।

92. Don't delay.
देरी मत करो।

93. Stop him from going there.
उसे वहाँ जाने से रोको।

94. Try to understand.
समझने की कोशिश करो।

95. Don't tug my jacket.
मेरी जैकेट मत खींचो।

96. Don't reprimand him.
उसे मत फटकारो।

97. Don't talk about it now.
इस बारे में अब बात मत करो।

98. Don't insist.
हठ या ज़िद मत करो।

99. Take off your socks also.
अपने मोज़े उतारो या खोलो।

100. Scour all the utensils.
सारे बर्तनों को रगड़कर मांजो।

101. Learn to let go.
जाने देना सीखो।

102. Persuade them somehow.
उन्हें किसी तरह राजी करो।

103. Don't fret.
चिड़चिड़ाओ/खीजो मत।

104. Tie the rope.
रस्सी बांध दो।

105. Garnish it with coriander leaves.
इसे धनिया पत्ते से सजाओ।

106. Adorn the idols of Ganesh and Laxmi.
गणेश और पार्वती की मूर्तियों को सजाओ।

107. Frisk me if you've even a pinch of doubt.
अगर जरा भी शक हो तो मेरी अच्छे से तलाशी ले लो।

108. Light the lamp.
लैंप जला दो।

109. Decorate this room with colorful balloons.

इस कमरे को रंगीन गुब्बारों से सजा दो।

110. Fold this shirt properly.
इस शर्ट को अच्छी तरह तह लगाकर मोड़ो।

111. Make him dance.
उसे नचाओ।

112. Put out the light.
बत्ती बुझा दो।

113. Come prepared.
तैयारी करके आना।

114. Forgive and forget.
माफ करो और भूल जाओ।

115. Spread the clothes.
कपड़ों को फैला दो।

116. Dry the clothes in the sun.
कपड़ों को धूप में सुखा दो।

117. Hang the clothes to dry.
कपड़ों को सूखने के लिए टांग दो।

118. Keep shining.
चमकते रहो।

119. Stay true.
सच्चे रहो।

120. Don't stay hungry for a long time.
ज़्यादा देर तक भूखे मत रहो।

121. Don't regret.
पछतावा मत करो।

122. Buy me that toy.
मुझे वह खिलौना ख़रीद दो।

123. Don't gambol.
उछल–कूद मत मचाओ।

124. Don't tickle me.
मुझे गुदगुदी मत करो।

125. Have shower.
स्नान कर लो।

126. Relish every moment.
हर पल का मज़ा लो।

127. Don't keep sleeping.
सोते मत रहो।

128. Come with me.
मेरे साथ आओ।

129. Come to me.
मेरे पास आओ।

130. Don't mumble.
बुदबुदाओ मत।

131. Mend my shoes.
मेरे जूते मरम्मत कर दो।

132. Sauté these potatoes first.
पहले इन आलूओं को हल्का तल लो।

133. Listen to your heart.
अपने दिल की सुनो।

134. Go ahead.
आगे बढ़ो।

135. Do what you heart says.
जो तुम्हारा दिल कहता है वो करो।

136. Don't let them do so.
उन्हें ऐसा मत करने दो।

137. Don't frown.
क्रोधित मत हो।

138. Don't argue.
बहस मत करो।

139. Never do it again.
इसे दुबारा कभी मत करना।

140. Do the preparations for pooja.
पूजा की तैयारी कर लो।

141. Don't scratch your nose.
अपनी नाक मत खुजाओ।

142. Don't criticize anyone.
किसी की आलोचना मत करो।

143. Don't let this happen.
यह या ऐसा होने मत दो।

144. Don't worry this much.
इतनी चिंता मत करो।

145. Don't mock at anyone.
किसी पर हँसो मत।

146. Squeeze this lemon well.
इस नींबू को अच्छी तरह निचोड़ो।

147. Don't believe anyone blindly.
किसी पर भी आँख मूंदकर भरोसा मत करो।

148. Pull this rope.
इस रस्सी को खींचो।

149. Have meal on time.
समय पर भोजन करो।

150. Don't think about your past.
अपनी बीती ज़िंदगी के बारे में मत सोचो।

151. Appreciate everyone sincerely.
सबकी सच्ची सराहना करो।

152. Don't even dare ever!
कभी हिम्मत भी मत करना!

153. Take it from me. (I am damn sure)
मुझसे लिखवाकर ले लो।

154. Don't fear death.
मृत्यु से मत डरो।

155. Don't respond to every question (asked).
हर (पूछे गए) सवाल का जवाब मत दो।

156. Let the whole world envy you.
सारी दुनिया को तुमसे जलने दो।

157. Rejoice every moment as if it's the last one.
हर पल का ऐसे मज़ा लो जैसे कि ये आख़िरी पल हो।

158. Get me a new saree.
मुझे नयी साड़ी दिला दो।

159. Repay this loan as soon as possible.
इस क़र्ज़ को जितनी जल्दी हो सके चुका दो या चुकता कर दो।

160. Earn for your livelihood.
अपनी अजीविका के लिए कमाओ।

161. Live as if there is no tomorrow.
ऐसे जियो कि जैसे कल हो ही नहीं।

162. Help him lessen his pain.
उसका दर्द कम करने में उसकी मदद करो।

163. Untie the knot.
गांठ खोल दो।

164. Give the money to her.
उसे पैसा दे दो।

165. Give them something to eat.
उन लोगों को कुछ खाने को दे दो।

166. Press my legs.
मेरे पाँव दबाओ।

167. Tell me the truth.
मुझसे सच कहो।

168. Don't stay worried.
चिंतित मत रहो।

169. Don't pamper your children.
अपने बच्चों को अधिक लाड़ मत करो।

170. Knock at the door once again.
दरवाज़ा एक बार और खटखटाओ।

171. Don't bang the door.
दरवाज़ा ज़ोर से मत पीटो।

172. Don't slam the door behind you.
अपने पीछे दरवाज़े को धम्म से मत बंद करो।

173. Make yourself comfortable.
आराम से रहो या ख़ुद को सहज करो।

174. Settle down first.
पहले आराम से बैठ जाओ।

175. Turn down the flame.
लौ कम कर दो।

176. Turn up the volume.
आवाज़ तेज़ कर दो।

177. Make sure not a single hurting word comes out of your mouth.
ध्यान रखो कि एक भी तकलीफ पहुँचाने वाली बात तुम्हारे मुँह से ना निकले।

178. Contemplate daily.
रोज मनन करो।

179. Don't gobble up the cake.
केक जल्दी–जल्दी मत खाओ।

180. Cherish these moments.
इन पलों को सहेज कर रखो।

181. Don't procrastinate ever.
कभी भी टालमटोल मत करो।

182. Apply this on your face.
इसे अपने चेहरे पर लगाओ।

183. Sit continuously for at least 2 hours.
कम से कम दो घंटे लगातार बैठो।

184. Play daily whether indoor or outdoor.
रोज़ खेलो चाहे इंडोर हो या आउटडोर।

185. Drag the curtains.
पर्दों को खींचो।

186. Hang the curtains.
पर्दों को टांग दो।

187. Wave your hands.
अपने हाथ हिलाओ।

188. Spread the bedsheet.
चादर बिछा दो।

189. Help me carry this luggage.
इस सामान को ढोने में मेरी मदद करो।

190. Water the plants twice a day.
पौधों को दिन में रोज़ दो बार पानी दो।

191. Convince them if you think you can.
अगर तुम्हें लगता है तुम उनको आश्वस्त कर सकते हो तो कर दो।

192. Don't intrude in my personal affairs.
मेरे व्यक्तिगत मामलों में दख़ल मत दो।

193. Don't rub your eyes.
अपनी आँखों को मत रगड़ो।

194. Hide yourself behind the door.
ख़ुद को दरवाज़े के पीछे छुपा लो/दरवाज़े के पीछे छुप जाओ।

195. Stack up the books in the cupboard.
आलमारी में किताबों को करीने से रखो।

196. Don't pile up the newspapers here.
यहाँ अखबारों का ढेर मत लगाओ।

197. Don't toy with the pen.
कलम के साथ मत खेलो।

198. Cook some delicious dish for me.
मेरे लिए कोई स्वादिष्ट व्यंजन बनाओ।

199. Don't spoil my mood.
मेरा मूड मत ख़राब करो।

200. Don't let anybody spoil your day.
किसी को भी तुम्हारा दिन ख़राब मत करने दो।

201. Take it if you want.
अगर तुम्हें यह चाहिए तो ले लो।

202. Give, but don't expect to get.
दो, लेकिन पाने की अपेक्षा मत रखो।

203. Get me some tea.
मुझे थोड़ी चाय ला दो।

204. Make it happen.
इसे करके दिखाओ।

205. Don't wait for things to happen.
चीज़ों के होने का इंतज़ार मत करो।

206. Climb up the stairs carefully.
सीढ़ियों पर सावधानी से चढ़ो।

207. Negotiate with them.
उनके साथ बातचीत करो।

208. Open the window.
खिड़की खोल दो।

209. Measure the length.
लंबाई नापो।

210. Place a piece of paper over it.
इसके ऊपर एक कागज़ का टुकड़ा रखो।

211. Fill the glass to the brim.
गिलास को ऊपर तक भरो।

212. Brim with joy.
आनंद से लबालब रहो।

213. Sweep all the rooms.
सारे कमरों को बुहार दो।

214. Mop the floor.
फर्श पोछो।

215. Don't overhear others' talks.
दूसरों की बातों को छुप कर मत सुनो।

216. Cover him up with this blanket.
उसे यह कंबल ओढ़ा दो या इस कंबल से ढकं दो।

217. Sleep under a thick blanket.
एक मोटा कंबल ओढ़ के सो जाओ।

218. Remove this later on.
इसको बाद में हटा देना।

219. Stop exaggerating.
बढ़ा–चढ़ाकर बातें करना बंद करो।

220. Make your child memorize the table.
अपने बच्चे से पहाड़ा याद करवाओ।

221. Don't make him feel bad.
उसे बुरा मत महसूस कराओ।

222. See yourself in a mirror.
खुद को आईने में देखो।

223. Don't search solutions outside.
बाहर समाधान मत ढूँढो।

224. Peep inside.
अंदर झाँको।

225. Loosen the noose.
फंदे को ढीला करो।

226. Bend on your knees.
अपने घुटनों के बल झुको।

227. Bow your head in front of God only.
केवल ईश्वर के आगे ही अपना सिर झुकाओ।

228. Don't keep me waiting.
मुझे इंतज़ार मत कराओ।

229. Don't yawn in the class.
कक्षा में उबासी मत लो।

230. Pluck some basil leaves.
कुछ तुलसी के पत्ते तोड़ लो।

231. Get to the point.
मुद्दे पर आइए।

232. Look carefully.
ध्यान से देखो।

233. Spare some time for me.
मेरे लिए थोड़ा समय निकालो।

234. Go straight and turn left.
सीधे जाओ और बायें मुड़ जाना।

235. Think good thoughts.
अच्छे विचारों को सोचो।

236. Control your mind.
अपने दिमाग को नियंत्रण में रखो।

237. Don't let your mind control you.
तुम्हारे दिमाग को तुम्हें नियंत्रित मत करने दो।

238. Add some more sugar.
थोड़ी और चीनी मिलाओ।

239. Stir it well.
इसे अच्छी तरह हिला कर मिलाओ।

240. Don't live someone else's life.
किसी और का जीवन मत जियो।

241. Make me learn.
मुझे सिखाओ।

242. Teach me Maths.
मुझे गणित पढ़ाओ।

243. Don't touch the bottle to your mouth.
बोतल को मुँह से मत लगाओ।

244. Learn to say no.
ना कहना सीखो।

245. Fly kite in the evening.
शाम को पतंग उड़ाना।

246. Don't go out to play.
बाहर खेलने मत जाओ।

247. Don't buy him everything he insists for.
वो हर चीज़ मत ख़रीदो जिसके लिए वह ज़िद करता है।

248. Beautify your life.
अपने जीवन को सुंदर बनाओ।

249. Get the paper xeroxed quickly.
जल्दी से पेपर को ज़ेरॉक्स करवाकर लाओ।

250. Love yourself the way you are.
तुम जैसे हो वैसे ही ख़ुद को प्यार करो।

251. Repay this loan within a month.
इस लोन या क़र्ज़ को एक महीने के भीतर चुकता कर देना।

252. Come to me tomorrow.
कल मेरे पास आना।

253. Forgive everyone.
सबको माफ कर दो।

254. Have pity on him.
उस पर दया करो/तरस खाओ।

255. Forget every unpleasant thing.
हर अप्रिय बात को भूल जाओ।

256. Spend some time daily with yourself.
हर दिन थोड़ा समय ख़ुद के साथ गुजारो।

257. Don't shed tears
आँसू मत बहाओ।

258. Don't shed tears over petty things.
छोटी–छोटी बातों पर आँसू मत बहाओ।

259. Go out of my sight.
मेरी नज़रों से दूर चले जाओ।

260. Take/have 15 minutes nap in between.
बीच में पंद्रह मिनट की झपकी ले लो।

261. Don't lick chocolates like this.
चॉकलेट इस तरह मत चाटो।

262. Slap him right now.
उसको अभी तुरंत तमाचा मारो।

263. Don't disrespect anyone.
किसी का भी अनादर मत करो।

264. Don't move with him.
उसके साथ मत घूमो।

265. Never give up.
कभी भी हार मत मानो।

266. Don't squander your precious time.
अपना कीमती वक़्त व्यर्थ मत गंवाओ।

267. Talk to me only in English.
मुझसे सिर्फ अंग्रेज़ी में बात करो।

268. Don't give up on me.
मुझसे नाउम्मीद मत हो।

269. Try to identify.
पहचानने की कोशिश करो।

270. Give me one more chance.
मुझे एक मौका और दो।

271. Don't scream.
मत चीखो।

272. Knit a sweater for me.
मेरे लिए एक स्वेटर बुन दो।

273. Don't whimper.
पिनपिनाओ मत।

274. Stop whispering into his ear.
उसके कान में फुसफुसाना बंद करो।

275. Winnow the rice.
चावल फटक दो।

276. Unbutton your shirt.
अपने शर्ट की बटन खोलो।

277. Find someone else.
किसी और को ढूंढो।

278. Don't nibble your nails.
अपने नाख़ूनों को मत कुतरो।

279. Don't crack your knuckles.
अपनी उंगलियों को मत चटकाओ।

280. Listen these sentences over and over again.
इन वाक्यों को बार–बार सुनो।

281. Find out the reason.
कारण का पता लगाओ।

282. Don't get late for the meeting.
मीटिंग के लिए लेट मत होना या देर मत करना।

283. Freshen up quickly.
जल्दी से फ्रेश हो जाओ।

284. Don't frighten the child.
बच्चे को मत डराओ।

285. Don't stare (at) me.
मुझे मत घूरो।

286. Show me up on Monday.
मुझे सोमवार को दिखाओ।

287. Shorten it by three inches.
इसको तीन इंच छोटा कर दो।

288. Don't justify yourself.
ख़ुद को उचित या सही मत ठहराओ या सफाई मत दो।

289. Don't cheat/deceive anyone.
किसी को धोखा मत दो।

290. Don't betray.
किसी के साथ विश्वासघात मत करो।

291. Don't do what you don't feel like (doing).
जो करने का मन नहीं है उसे मत करो।

292. Don't blame anyone for your current circumstances.
अपनी वर्तमान अवस्था के लिए किसी को भी दोष मत दो।

293. Have faith in your inner power.
अपनी आंतरिक शक्तियों पर भरोसा रखो।

294. Trust your instincts.
अपनी प्रकृति पर विश्वास रखें।

295. Trust your child.
अपने बच्चे पर विश्वास करें।

296. Don't become a fault-finder.
गलती निकालने वाले मत बनो।

297. Look after your parents.
अपने माता–पिता की देखभाल करो।

298. Don't eat stale food.
बासी भोजन मत खाओ।

299. Donate your blood if you can.
अगर अपना रक्तदान कर सकते हो तो करो।

300. Don't forget to invite me.
मुझे आमंत्रित करना मत भूलना।

301. Wear some traditional dress.
कोई पारंपरिक परिधान पहनो।

302. Don't stay stuck to old habits.
पुरानी आदतों से चिपके मत रहो।

303. Don't sit closer to T.V.
टी.वी. के नजदीक मत बैठो।

304. Move a bit/a little.
थोड़ा खिसको।

305. Pick up the call.
कॉल उठा लो।

306. Boil the potatoes.
आलूओं को उबाल लो।

307. Don't take too much tea.
बहुत ज़्यादा चाय मत पियो।

308. Don't eat so late.
इतनी देर से मत खाओ।

309. Don't stay awake till late.
इतनी देर तक जगे मत रहो।

310. Don't stay asleep till late.
इतनी देर तक सोये मत रहो।

311. Take decisions quickly.
जल्द निर्णय लो।

312. Take off your socks.
अपने मोज़े उतारो।

313. Withdraw some money from ATM.
एटीएम से थोड़े पैसे निकाल लो।

314. Zip your shirt.
अपनी शर्ट की चेन लगाओ।

315. Make it easy.
इसे आसान करो।

316. Buy two platform tickets.
दो प्लेटफॉर्म टिकट ख़रीदो।

317. Go there by bus.
वहाँ बस से जाओ।

318. Tuck your shirt properly/decently.
अपनी शर्ट को अच्छी तरह खोंसो।

319. Don't speak so loudly.
इतनी ज़ोर से मत बोलो।

320. Hold your nose.
अपनी नाक पकड़ो।

321. Don't twist my ears.
मेरे कान मत उमेठो।

322. Get my ears pierced.
मेरे कान छिदवा दो।

323. Get him something as a reward.
उसे पुरस्कार के रूप में कुछ दिला दो।

324. Give me five more minutes.
मुझे पांच मिनट और दो।

325. Don't keep him waiting.
उसे इंतज़ार मत कराओ।

326. Divert your mind to something positive.
अपने मन को कुछ सकारात्मक की तरफ मोड़ो।

327. Spin your uniform.
अपने युनिफॉर्म को मशीन में सुखाओ।

328. Drop him at the bus stop.
उसे बस स्टॉप छोड़ दो।

329. Quench your thirst with this cold water.
अपनी प्यास इस ठंडे पानी से बुझाओ।

330. Satiate your hunger.
अपनी भूख मिटाओ।

331. Swear on me/swear to me/ swear by me.
मेरी कसम खाओ।

332. Don't swear on me.
मेरी कसम मत खाओ।

333. Find the difference.
फ़र्क़ पता करो।

334. Empathize with him.
उसके साथ समानुभूति रखो।

335. Leave this place at once.
इस जगह को तुरंत छोड़ दो।

336. Tell me the time.
मुझे समय बताओ।

337. Don't deny this fact.
इस सच से इंकार मत करो।

338. Don't avoid that man.
उस आदमी को नज़रअंदाज़ मत करो।

339. Look at that picture.
उस तस्वीर को देखो।

340. Don't preach.
उपदेश मत दो।

341. Hold your tongue.
अपनी ज़ुबान को लगाम दो।

342. Mind your own business.
अपने काम से काम रखो।

343. Do your work whole heartedly.
अपना काम पूरा दिल लगाकर करो।

344. Don't lose your temper.
अपना आपा मत खोओ।

345. Don't blow your top.
अपना आपा मत खोओ।

346. Fasten the belt.
बेल्ट बाँधो।

347. Tighten the belt.
बेल्ट कस लो।

348. Learn how to make coffee.
कॉफी बनाना सीखो।

349. Learn from everyone.
हर किसी से सीखो।

350. Sharpen your pencil.
अपनी पेंसिल की नोक तेज़ करो।

351. Get your knife sharpened.
अपने चाकू की धार तेज़ कराओ।

352. Give up smoking right now right here.
अभी और यहीं सिगरेट पीना छोड़ दो।

353. Spare him for God's sake.
भगवान के लिए उसे छोड़ या बख्श दो।

354. Shut the door.
दरवाज़ा बंद कर दो।

355. Don't feel embarrassed.
लज्जित/शर्मिंदगी महसूस मत करो।

356. Don't feel shy.
शर्माओ मत।

357. Take me to some other place.
मुझे किसी और जगह ले चलो।

358. Do something for him.
उसके लिए कुछ करो।

359. Don't gape at me.
मुझे इस तरह मुँह बाए मत देखो।

360. Preserve this.
इसे संरक्षित करके रखो।

361. Nourish your hair.
अपने बालों को पोषण दो।

362. Forget what happened.
जो हुआ उसे भूल जाओ।

363. Take a brisk walk for at least 30 minutes.
कम–से–कम आधे घंटे तेज़ टहलो।

364. Don't mistake me/Don't get me wrong.
मुझे ग़लत मत समझो।

365. Don't take me for granted.
मुझे घर की मुर्गी या महत्वहीन मत समझ लेना।

366. Take this matter seriously.
इस मामले को गंभीरता से लो।

367. Cover your mouth while coughing.
खांसते वक़्त अपना मुँह ढको।

368. Cover your nose as well as mouth while sneezing.
छींकते वक़्त अपने नाक और मुँह दोनों ही ढको।

369. Don't impose your will on me.
अपनी इच्छा मुझ पर मत थोपो।

370. Empty the glass.
गिलास ख़ाली करो।

371. Vacate the house.
घर ख़ाली करो।

372. Don't berate yourself.
ख़ुद को मत कोसो।

373. Take out vegetables from the fridge.
सब्ज़ियों को फ्रिज से निकालो।

374. Slake someone's thirst.
किसी की प्यास बुझाओ।

375. Don't touch others' belongings.
दूसरों की चीज़ों को मत छुओ।

376. Sentence him to death.
उसे मृत्यु की सज़ा दो।

377. Don't ask me for suggestion.
मुझसे सलाह मत माँगो।

378. Don't bark like a dog.
कुत्ते की तरह मत भौंको।

379. Let me talk to him about it.
इस बारे में मुझे उससे बात करने दो।

380. Let me think.
मुझे सोचने दो।

381. Fetch vegetables while coming back/on your way back.
वापस आते वक़्त सब्ज़ियाँ लेते आना।

382. Don't fool me/ Don't make me a fool.
मुझे मूर्ख मत बनाओ।

383. Don't trouble your mother.
अपनी माँ को परेशान मत करो।

384. Don't bother.
परेशान मत हो।

385. Spell the word.
शब्द का हिज्जे करो।

386. Never mind.
कोई बात नहीं।

387. Rent this house/put this house on rent.
इस घर को किराये पर लगा दो।

388. Don't hit him hard.
उसे ज़ोर से मत मारो।

389. Look for my keys.
मेरी चाबी ढूंढ दो।

390. Don't yell at me.
मुझ पर चीखो मत।

391. Don't say no.
ना मत कहो।

392. Throw the ball slowly towards me.
मेरी तरफ धीरे से गेंद फेंको।

393. Please give our ball back.
कृप्या हमारी गेंद वापस करो।

394. Blow the whistle.
सीटी बजाओ।

395. Blow off the candles.
मोमबत्तियाँ बुझा दो।

396. Add fuel to the fire – Add insult to injury.
दर्द और बढ़ाओ।

397. Don't add fuel to the flame.
बात को और मत बढ़ाओ।

398. Don't take it to heart.
इसे दिल पर मत लो/लेना।

399. Don't shatter my dream.
मेरे सपने को चकनाचूर मत करो।

400. Sharpen your axe.
अपनी कुल्हाड़ी की धार तेज़ करो।

401. Wipe off your tears.
अपने आँसू पोंछ डालो।

402. Accept my proposal.
मेरे प्रस्ताव को स्वीकार करो।

403. Remain firm.
दृढ़ रहो।

404. Persevere.
अड़े रहो।

405. Don't be coward.
कायर मत बनो।

406. Don't follow everyone blindly.
हर किसी का आँख मूंदकर अनुसरण मत करो।

407. Figure it out.
पता लगाओ।

408. Hang up the call.
कॉल काटो।

409. Cut down your expenses.
अपने ख़र्च कम करो।

410. Weigh the butter.
मक्खन तौलो।

411. Don't give up hope.
उम्मीद मत छोड़ो।

412. Don't get angry.
गुस्सा मत हो।

413. Listen.
सुनो।

414. Listen what I'm saying.
जो मैं कह रहा हूँ वो सुनो।

415. Lie down.
लेट जाओ।

416. Keep mumbling.
बुदबुदाते रहो।

417. Make tea for three people.
तीन लोगों के लिए चाय बनाओ।

418. Don't be a couch-potato.
टी.वी. देखने के आदी मत बनो।

419. Fill water into the bucket I've to take bath.
बाल्टी में पानी भर दो मुझे नहाना है।

420. Drop me a line sometimes.
कभी–कभी मुझे लिखा करो।

421. Find out how he is.
पता करो वो कैसा है।

422. Don't pay heed to rumors.
अफवाहों पर ध्यान मत दो।

423. Don't turn deaf ear to everyone.
हर किसी (की बात) को अनसुना मत करो।

424. Dip cotton into rose water.
गुलाब जल में रूई भिंगो दो।

425. Don't do anything against your conscience.
अपनी अतंरात्मा के विरूद्ध कुछ भी मत करो।

426. Get on the bus.
बस में चढ़ जाओ।

427. Get off the bus.
बस से उतर जाओ।

428. Don't giggle.
ही–ही करके मत हँसो।

429. Don't chuckle.
मुँह दबाकर मत हँसो।

430. Peel off the mangoes.
आम छील दो।

431. Chop all the vegetables.
सारी सब्ज़ियों को बारीक काट दो।

432. Don't think too much.
इतना ज़्यादा मत सोचो।

433. Lay bricks one over another.
एक के ऊपर एक ईंटें बिछाते जाओ।

434. Get me out of this cage.
मुझे इस पिंज़रे या क़ैद से बाहर निकालो।

435. Get the gas cylinder refilled.
इस गैस सिलेंडर को भरवा दो।

436. Grind all the spices.
सारे मसाले पीस दो।

437. Wind up the class now.
अब कक्षा ख़त्म करो।

438. Don't shake legs.
पाँव मत हिलाओ।

439. Don't stuff the bag with so many clothes.
बैग में इतने कपडे़ मत ठूँसो या बैग को इतने कपड़ों से मत ठूँसो।

440. Cram it.
इसे रट जाओ।

441. Don't grease paratha with too much ghee.
पराठे में इतना ज़्यादा घी मत चुपड़ो या लगाओ।

442. Don't stuff so much food into your mouth.
अपने मुँह में इतना खाना मत ठूँसो।

443. Don't reveal this secret.
इस राज़ को मत खोलना या जाहिर करना।

444. Don't talk to every Tom, Dick and Harry.
हर ऐरे–गैरे से बात मत किया करो।

445. Bring up some orphan.
किसी अनाथ को पाल–पोस कर बड़ा करो या परवरिश करो।

446. Give alms to the beggars.
भिखारियों को भीख दो।

447. Live life on your own term.
अपनी शर्तों पर जीवन जियो।

448. Don't make a mountain out of a molehill.
तिल का ताड़ मत बनाओ या छोटी सी बात को बड़ा मत करो।

449. Count on me.
मुझ पर भरोसा करो।

450. Don't rely on anyone for your happiness.
अपनी खुशी के लिए दूसरों पर निर्भर मत रहो।

451. Pat his back.
उसकी पीठ थपथपाओ।

452. Fix your daughter's marriage.
अपनी बेटी की शादी तय कर दो।

453. Don't reprimand him for what he did.
उसने जो भी किया उसके लिए उसे फटकारो मत।

454. Don't hesitate at all.
बिल्कुल भी हिचकिचाओ मत।

455. Don't complain about anyone.
किसी के भी बारे में शिकायत मत करो।

456. Don't backbite about anyone.
किसी की भी चुग़ली मत करो।

457. Fetch mangoes from there.
वहाँ से आम लेते आना।

458. Don't ask me for more money.
मुझसे और पैसा मत माँगो।

459. Don't ask God for anything.
भगवान से कुछ भी मत माँगो।

460. Don't hold grudges against anyone.
किसी से भी गिला–शिकवा मत रखो।

461. Prove yourself not by your words but by your work.
अपने शब्दों से नहीं बल्कि अपने काम से ख़ुद को साबित करो।

462. Don't fight over petty issues.
छोटी–छोटी बातों पर लड़ो मत।

463. Don't flow water from here.
यहाँ से पानी मत बहाओ।

464. Please don't refuse.
कृप्या मना मत करना।

465. Don't stay sad.
उदास मत रहो।

466. Never skip breakfast.
कभी भी नाश्ता मत छोड़ो।

467. Give me one bite.
मुझे एक टुकड़ा दो।

468. Have some tea to feel better.
बेहतर महसूस करने के लिए थोड़ी चाय पियो।

469. Eat raw vegetables.
कच्ची सब्ज़ियाँ खाओ।

470. Don't be a puppet in someone's hands.
किसी के हाथ की कठपुतली मत बनो।

471. Don't feel alone. I'm with you.
अकेला मत महसूस करो। मैं तुम्हारे साथ हूँ।

472. Go behind him/follow him.
उसके पीछे जाओ।

473. Beat the eggs.
अंडों को फेंटो।

474. Churn the curd.
दही को मथो।

475. Whet the knife.
चाकू की धार तेज़ करो या चाकू पर सान चढ़ाओ।

476. Whet your appetite.
अपनी भूख बढ़ाओ।

477. Take at least two full days off each week.
हफ्ते में कम–से–कम पूरे दो दिनों की छुट्टी लो।

478. Live like a hero.
एक हीरो की तरह जियो।

479. Have another one.
दूसरा ले लो।

480. Have a little more.
थोड़ा और ले लो।

481. Come along.
साथ आओ।

482. Stop right there!
वहीं रुक जाओ!

483. Hold on!
रुको या इंतज़ार करो।

484. Find someone else.
किसी और को ढूँढो।

485. Give me some.
मुझे थोड़ा दो।

486. Don't start all over again.
फिर से शुरू मत करो।

487. Go on making noises.
शोर मचाते रहो।

488. Sit here for the time being.
तब तक के लिए यहाँ बैठो।

489. Get down before someone sees you.
इसके पहले कि कोई तुमको देखे उतर जाओ।

490. Fall down 100 times a day.
दिन में सौ बार गिरो।

491. Shift your attention to something else.
अपना ध्यान किसी और चीज़ की तरफ ले जाओ।

492. Take it on your plate and eat it.
यह अपनी प्लेट में लो और खाओ।

493. Don't go by the words.
शब्दों पर मत जाओ।

494. Don't fall out.
झगड़ा मत करो।

495. Don't hear a word of what he says.
उसका कहा गया एक शब्द मत सुनो।

496. Hold him by the shoulder/neck.
उसे गर्दन या कँधे से पकड़ो या दबोचो।

497. Rush back home.
जल्दी घर वापस जाओ।

498. Throw water on him to wake him up.
उसे जगाने के लिए उसके ऊपर पानी फेंको।

499. Make him admit the truth.
उससे सच स्वीकार करवाओ।

500. Don't put him into dilemma.
उसे असमंजस में मत डालो।

CHAPTER – 2

DAILY ROUTINE (HAPPENS EVERY TIME)

1. The day dawns.
दिन निकलता है।

2. It gets dark.
अंधेरा होता है।

3. Stars twinkle.
तारे टिमटिमाते हैं।

4. Birds chirp/twitter/warble.
पक्षी चहचहाते हैं।

5. Peacocks dance.
मोर नाचते हैं।

6. The night comes.
रात आती है।

7. It feels good.
अच्छा लगता है।

8. It rots.
यह सड़ जाता है।

9. It works.
यह काम करता है।

10. The sun spreads its rays.
सूरज अपनी किरणें बिखेरता है।

11. Rays fall on the earth.
किरणें पृथ्वी पर पड़ती हैं।

12. It happens.
यह होता है।

13. It does not occur to me.
मुझे यह ख़्याल ही नहीं आता है।

14. It disappears.
यह ग़ायब हो जाता है।

15. Stains vanish.
दाग़ ग़ायब हो जाते हैं।

16. It hurts.
चोट पहुँचती है।

17. Clothes shrink.
कपड़े सिकुड़ जाते हैं।

18. We fall in love.
हमें प्यार हो जाता है या हम प्यार में पड़ जाते हैं।

19. Heels crack.
एड़ियाँ फट जाती हैं।

20. Lips get dry.
होंठ सूख जाते हैं।

21. He wets the bed.
वह बिस्तर गीला कर देता है।

22. The moon shines.
चाँद चमकता है।

23. Legs ache.
पाँव दुःखते हैं।

24. He stinks.
उससे दुर्गंध आती है।

25. It gets wrong.
यह ग़लत हो जाता है।

26. It gets better.
यह बेहतर हो जाता है।

27. The train gets delayed.
ट्रेन लेट हो जाती है।

28. It brings smiles.
यह मुस्कान लाता है।

29. It brings tears.
यह आँसू लाता है।

30. Love brings happiness.
प्यार ख़ुशी लाता है।

31. Everything changes.
सब कुछ बदल जाता है।

32. Movie starts at seven.
फिल्म सात बजे शुरू होती है।

33. Nobody cares.
कोई परवाह नहीं करता है।

34. It feels sleepy in the afternoon.
दोपहर को नींद आती है।

35. Life becomes beautiful.
जीवन सुंदर हो जाता है।

36. That girl swaggers.
वह लड़की इठला कर चलती है।

37. Love happens.
प्यार हो जाता है।

38. Meeting takes place once a week.
हफ्ते में एक बार मीटिंग या सभा होती है।

39. He harasses me.
वह मुझे सताता है।

40. Myrtle softens the hair.
मेंहदी बालों को मुलायम करती है।

41. It appears difficult.
यह मुश्किल लगता है।

42. He seems busy.
वह व्यस्त लगता है।

43. They look happy.
वे लोग खुश लगते हैं या दिखायी देते हैं।

44. Action speaks.
काम बोलता है।

45. It looks pretty.
यह सुंदर दिखता है।

46. I want to learn English.
मैं अंग्रेज़ी सीखना चाहता हूँ।

47. I like reading.
मुझे पढ़ना अच्छा लगता है या पसंद है।

48. The train derails.
ट्रेन पटरी पर से उतर जाती है।

49. I want to do something in life.
मैं जीवन में कुछ करना चाहता हूँ।

50. Hatred spreads quickly.
नफरत जल्दी फैलती है।

51. Wrinkles come in old age.
बुढ़ापे में झुर्रियाँ पड़ जाती हैं।

52. We tidy rooms.
हम कमरों को साफ करते हैं।

53. Floor gets dirty.
फ़र्श गंदा हो जाता है।

54. Storm comes.
तूफान आता है।

55. We think more.
हम ज़्यादा सोचते हैं।

56. We feel less.
हम महसूस कम करते हैं।

57. Flowers bloom.
फूल खिलते हैं।

58. Leaves fall.
पत्ते झड़ते या गिरते हैं।

59. The bride blushes.
दुल्हन लजाती है।

60. She sheds tears.
वह आँसू बहाती है।

61. We hurt ourselves.
हम खुद को तकलीफ पहुँचाते हैं।

62. I rest for a while.
मैं थोड़ी देर आराम करता हूँ।

63. Dreams come.
सपने आते हैं।

64. I start dreaming.
मैं सपने देखने लगती हूँ।

65. Strong wind blows.
तेज़ हवा बहती है।

66. Water flows.
पानी बहता है।

67. The effort goes in vain.
प्रयास व्यर्थ जाता है।

68. Everything seems possible.
सब कुछ संभव लगता है।

69. Every tragedy teaches us something.
हर त्रासदी हमें कुछ सिखाती है।

70. Even impossible becomes possible.
असंभव भी संभव हो जाता है।

71. Pain lessens.
दर्द कम होता है।

72. Prices go up.
क़ीमत बढ़ जाती है।

73. Clarity comes.
स्पष्टता आती है।

74. Priorities change.
प्राथमिकताएँ बदल जाती है।

75. Wisdom comes with the passage of time.
समय गुजरने के साथ बुद्धिमता आती है।

76. Dreams shatter.
सपने चकनाचूर हो जाते हैं।

77. Dreams come true.
सपने सच हो जाते हैं।

78. Songs play.
गाने बजते हैं।

79. Fools argue.
मूर्ख बहस करते हैं।

80. Tamarind tastes sour.
इमली खट्टी लगती है।

81. Mangoes taste sweet.
आम मीठे लगते हैं।

82. The face wilts.
चेहरा मुरझा जाता है।

83. Hearts break.
दिल टूट जाते हैं।

84. It harms health.
यह स्वास्थ्य को नुकसान पहुँचाता है।

85. It benefits us.
यह हमें फायदा पहुँचाता है।

86. It feels happy.
ख़ुशी महसूस होती है।

87. I want to earn fame in the world.
मैं जीवन में प्रसिद्धि कमाना या हासिल करना चाहता हूँ।

88. Hair entangles.
बाल उलझ जाते हैं।

89. Life becomes complicated.
जीवन जटिल हो जाता है।

90. It gets rusted.
(इसमें) ज़ंग लग जाता है।

91. He loves sleeping.
उसे सोना बहुत पसंद है।

92. I find it difficult to study.
मुझे पढ़ाई करने में दिक्कत होती है या मुझे पढ़ना मुश्किल लगता है।

93. He vexes others.
वह दूसरों को तंग करता है।

94. He keeps talking over phone.
वह फोन पर बातें करता रहता है।

95. My mother croons.
मेरी माँ गुनगुनाती है।

96. He falls ill.
वह बीमार पड़ जाता है।

97. Problems get sorted out/solved.
समस्याएँ सुलझ जाती हैं।

98. I get sad.
मैं उदास हो जाता हूँ।

99. He faints.
वह बेहोश हो जाता है।

100. Her face glows.
उसका चेहरा चमकता है।

101. Murders take place here frequently.
यहाँ अक्सर हत्याएँ होती हैं।

102. The wound gets healed.
ज़ख्म ठीक हो जाते हैं।

103. He finds it difficult to breathe.
उसे साँस लेने में तकलीफ होती है।

104. Clothes get wet.
कपड़े भींग जाते हैं या गीले हो जाते हैं।

105. He wets the bed.
वह बिस्तर गीला कर देता है।

106. Snakes crawl.
साँप रेंगते हैं।

107. We don't understand their talks.
हमें उनकी बातें समझ नहीं आती हैं।

108. The fan runs/moves.
पंखा चलता है।

109. The train runs on the track.
ट्रेन पटरी पर दौड़ती है।

110. Something happens.
कुछ होता है।

111. Health starts deteriorating.
स्वास्थ्य बिगड़ने लगता है।

112. That boy stammers a little.
वह लड़का थोड़ा हकलाता है।

113. Mood gets spoiled.
मूड ख़राब हो जाता है।

114. He makes my day.
वह मेरा दिन बना देता है।

115. Days get shorter.
दिन छोटे हो जाते हैं।

116. Nights get longer.
रातें लम्बी हो जाती हैं।

117. Weather gets hot.
मौसम गर्म हो जाता है।

118. It gets easy.
यह आसान हो जाता है।

119. He kneels down.
वह घुटने टेक देता है।

120. They fall on their knees.
वे लोग घुटनों के बल गिरते हैं।

121. She always gets me wrong.
वह हमेशा मुझे ग़लत समझ लेती है।

122. He forgets to switch off the fan.
वह पंखा बंद करना भूल जाता है।

123. They berate themselves.
वे ख़ुद को कोसते हैं।

124. Days pass somehow.
किसी तरह गुजरते हैं।

125. Nights pass with difficulty.
रातें मुश्किल से गुजरती है।

126. His wife snores.
उसकी पत्नी खर्राटे लेती है।

127. The eagle flies high in the sky.
चील आसमान में ऊँचा उड़ती है।

128. A plumber fixes taps.
प्लंबर नल को ठीक करता है।

129. She gets angry.
वह गुस्सा हो जाती है।

130. The credit goes to my mother.
श्रेय मेरी माँ को जाता है।

131. It often breaks down.
यह अक्सर ख़राब हो जाता है।

132. She talks politely.
वह विनम्रता से बातें करती है।

133. A half hour usually works well.
आमतौर पर आधे घंटे में हो जाता है।

134. We give away our power.
हम अपनी शक्ति दे देते हैं।

135. Children grow up.
बच्चे बड़े हो जाते हैं।

136. Teachers influence us greatly.
शिक्षक हमें बहुत प्रभावित करते हैं।

137. It does not matter.
यह मायने नहीं रखता है।

138. It does not make any difference.
इससे कोई फर्क़ नहीं पड़ता है।

139. Nothing good ever lasts.
कुछ भी अच्छा कभी लंबे समय तक नहीं टिकता है।

140. It rains every afternoon/in afternoon every day.
दोपहर में हर रोज़ बारिश होती है।

141. My head starts reeling.
मेरा सिर घूमने लगता है।

142. We catch the bus every morning.
हम हर सुबह बस पकड़ते हैं।

143. Water freezes in a couple of minutes.
पानी कुछ मिनटों में ही बर्फ में बदल जाता है।

144. It mixes the sand and the water.
यह बालू और पानी को मिलाता है।

145. She enjoys playing the piano.
उसे पियानो बजाने में बहुत मज़ा आता है।

146. The book gets torn.
किताब फट जाती है।

147. Life gets meaningful.
जीवन अर्थपूर्ण हो जाता है।

148. They repent.
वे लोग पछताते हैं।

149. She always forgets to take her purse.
वह हमेशा अपना पर्स लेना भूल जाती है।

150. My daughter does the laundry.
मेरी बेटी कपड़े साफ करती है।

151. We don't see each other anymore.
अब हम एक–दूसरे से नहीं मिलते हैं।

152. My brother takes out the trash.
मेरा भाई कचरा बाहर निकालता है।

153. It snows a lot in winter in Russia.
रूस में जाड़े में ख़ूब बर्फ पड़ती या गिरती है।

154. Nobody comes to know about it.
किसी को इस बारे में पता नहीं चलता है।

155. The train leaves every morning at eight a.m.
ट्रेन हर सुबह आठ बजे निकलती है।

156. She needs help right now, right here.
उसे अभी यहीं मदद की जरूरत है।

157. The pain occurs.
दर्द होता है।

158. Patients get operated here.
यहाँ मरीज़ों का ऑपरेशन होता है।

159. Life gets good.
जीवन अच्छा हो जाता है।

160. They burst in laughter.
उन लोगों की हँसी फूट पड़ती है।

161. Patients get healed.
मरीज़ ठीक हो जाते हैं।

162. I don't respond.
मैं जवाब नहीं देता हूँ।

163. He retorts.
वह मुँहतोड़ जवाब देता है।

164. They blurt out.
वे बिना कुछ सोचे समझे बोल देते हैं।

165. She begins to sob.
वह सिसकने लगती है।

166. They feel awful.
वे बहुत ख़राब महसूस करते हैं।

167. She feels ashamed.
वह शर्मिंदा महसूस करती है।

168. The old feel alone.
बूढ़े लोग अकेला महसूस करते हैं।

169. They squirm.
वे लोग छटपटाते हैं।

170. She screams.
वह चीखती है।

171. Ice cream melts.
आइसक्रीम पिघल जाती है।

172. They scuffle among themselves.
वे आपस में हाथापाई करते हैं।

173. She yearns for peace.
वह शांति के लिए तरसती है।

174. A voice comes from within.
अंदर से एक आवाज़ आती है।

175. That voice teaches us some important lesson.
वह आवाज़ हमें कुछ महत्त्वपूर्ण सबक सिखलाती है।

176. He makes me think.
वह मुझे सोच में डाल देता है।

177. They compel her to stay with them.
वे लोग उसे साथ रहने को मज़बूर करते हैं।

178. The heart wanders.
मन भटकता है।

179. It relieves me.
यह मुझे राहत देता है।

180. Walls break.
दीवारें टूट जाती हैं।

181. Pillars start crumbling.
खंभे उखड़ने लगते हैं।

182. We chant hymns.
हम भजन गाते हैं।

183. We count the rosary (beads).
हम माला जपते हैं।

184. Children inflate balloons.
बच्चे गुब्बारे फुलाते हैं।

185. We do aarti in the evening.
हम शाम में आरती करते हैं।

186. It begins with the first step.
इसकी शुरुआत पहले कदम से होती है।

187. The mind gets distracted.
दिमाग भटक जाता है।

188. The mind gets confused.
दिमाग उलझन में पड़ जाता है।

189. The heart gets excited.
मन रोमांचित हो उठता है।

190. The heart gets disheartened.
मन हताश हो जाता है।

191. The disease heals.
बीमारी ठीक हो जाती है।

192. He rebukes his son.
वह अपने पुत्र को फटकारता या बुरी तरह डाँटता है।

193. Life goes on.
जीवन चलता रहता है।

194. Life begins where fear ends.
जहाँ डर ख़त्म होता है वहाँ जीवन शुरू होता है।

195. Life turns into celebration.
जीवन उत्सव में बदल जाता है।

196. Our soul damns us.
हमारी आत्मा हमें धिक्कारती है।

197. Dreams burn to ashes.
सपने जलकर राख हो जाते हैं।

198. The pain gets intolerable.
दर्द असहनीय हो जाता है।

199. We stand on our feet.
हम अपने पैरों पर खड़े हो जाते हैं।

200. I feel like kissing myself.
मेरा मन ख़ुद को चूमने का करता है।

201. He regains consciousness.
उसे होश आ जाता है।

202. The fan stops running.
पंखा चलना बंद हो जाता है।

203. They run an institute.
वे लोग इंस्टिटयूट चलाते हैं।

204. I regret.
मैं पछताता हूँ।

205. I owe you a chocolate.
मेरे यहाँ तुम्हारा एक चॉकलेट बनता है।

206. He starts dancing out of happiness.
वह ख़ुशी के मारे नाचने लगता है।

207. The whole world salutes him.
सारा संसार उसे सलाम करता है।

208. Krishna resides in heart.
कृष्णा दिल में बसता है।

209. He plays Murli.
वह मुरली बजाता है।

210. The shop opens late.
दुकान देर से खुलती है।

211. The child burps.
बच्चा डकार लेता है।

212. Milk boils.
दूध उबलता है।

213. They gossip in the afternoon.
वे दोपहर में गपशप करते हैं।

214. Love blinds us.
प्यार हमें अंधा कर देता है।

215. We find solutions even in the problems.
हमें समस्याओं में भी समाधान दिखने लगता है।

216. Happiness opens the way to success.
खुशी सफलता के दरवाजे खोल देती है।

217. Heaven turns into hell.
स्वर्ग नर्क में तब्दील हो जाता है या बदल जाता है।

218. He comes running.
वह दौड़ता हुआ आता है।

219. They do lots of fun.
वे खूब मज़ा करते हैं।

220. We have lots of fun.
हम खूब मज़ा या मस्ती करते हैं।

221. He makes plenty of money.
वह खूब पैसे कमाता या बनाता है।

222. Talks take place/happen day and night.
दिन–रात बातें होती हैं।

223. Disappointment occurs.
निराशा होती है।

224. Health gets better.
स्वास्थ्य बेहतर हो जाता है।

225. The story ends here.
कहानी यहाँ ख़त्म हो जाती है।

226. Life gets ruined.
ज़िंदगी बर्बाद हो जाती है।

227. The shirt becomes loose.
शर्ट ढीली हो जाती है।

228. The behaviour gets rude/rough/stiff/tough.
व्यवहार रूखा हो जाता है।

229. Circumstances make us stiff.
हालात हमें सख़्त बना देते हैं।

230. It makes us lazy.
यह हमें आलसी बना देता है।

231. Everything gets easy.
सब कुछ आसान हो जाता है।

232. It makes him happy.
इससे वह ख़ुश हो जाता है।

233. The baby toddles.
बच्चा लड़खड़ा कर चलता है।

234. The drunkard staggers.
शराबी लड़खड़ाता है।

235. It runs in our family.
यह हमारे परिवार में होता है या चलता है।

236. I love reading stories.
मुझे कहानियाँ पढ़ना अच्छा लगता है।

237. It happens here only.
यह या ऐसा सिर्फ यहीं होता है।

238. Somebody comes in my dream every night.
कोई मेरे सपने में रोज़ आता है।

239. What we give out, we get back.
जो हम देते हैं वही वापस पाते हैं।

240. Life becomes a punishment.
ज़िंदगी एक सज़ा बन जाती है।

241. She resembles her mother.
वह अपनी माँ जैसी दिखती है।

242. That boy imitates Govinda so well.
बच्चा गोविंदा की इतनी अच्छी नक़ल करता है।

243. She lights the candle.
वह मोमबत्ती जलाती है।

244. Bureaucrats run the government/country.
नौकरशाह सरकार या देश चलाते हैं।

245. Everything goes as per plan.
सब कुछ योजनानुसार होता है।

246. The rich exploit the poor.
अमीर ग़रीब का शोषण करते हैं।

247. We think of ourselves before others.
हम दूसरों से पहले ख़ुद के बारे में सोचते हैं।

248. Life becomes a burden.
जीवन एक बोझ बन जाता है।

249. We feel very helpless.
हम बहुत लाचार महसूस करते हैं।

250. He seems busy.
वह व्यस्त लगता है।

251. You stay busy.
तुम व्यस्त रहते हो।

252. My wife shouts at me.
मेरी पत्नी मुझपे चिल्लाती है।

253. Ram milks cows.
राम दूध दुहता है।

254. They water camels.
वे ऊँटों को पानी पिलाते हैं।

255. My friend overthinks.
मेरा दोस्त बहुत सोचता है।

256. We get into trouble.
हम मुश्किल में पड़ जाते हैं।

257. It looks ugly.
यह बदसूरत दिखता है।

258. It sounds awkward.
यह सुनने में अजीब लगता है।

259. The color fades.
रंग फीका पड़ जाता है।

260. This color suits you.
यह रंग तुमपे जँचता है।

261. I recognize you.
मैं तुम्हें पहचानता हूँ।

262. That child sulks.
वह बच्चा रूठ जाता है।

263. My sister winnows rice.
मेरी बहन चावल फटकती है।

264. I keep reading books always.
मैं हमेशा किताबें पढ़ती रहती हूँ।

265. I get stuck.
मैं अटक जाता हूँ।

266. I get stuck in traffic.
मैं ट्रैफिक में फँस जाता हूँ।

267. Indian team bats first.
भारतीय टीम बल्लेबाजी पहले करती है।

268. It goes out of control.
यह नियंत्रण से बाहर हो जाता है।

269. It goes out of the window.
यह खिड़की से बाहर चला जाता है।

270. Dreams get fulfilled.
सपने पूरे हो जाते हैं।

271. We come to know.
हम जान जाते हैं।

272. You mean a lot to me.
तुम मेरे लिए बहुत मायने रखते हो।

273. We yearn for praise.
हम प्रशंसा के लिए तरसते हैं।

274. She scolds me.
वह मुझे डाँटती है।

275. My father wears glasses.
मेरे पिता चश्मा पहनते हैं।

276. The sky gets clouded.
आसमान बादलों से भर जाता है।

277. He begins to doubt.
वह शक़ करने लगता है।

278. The cat slinks.
बिल्ली दबे पाँव आती है।

279. Life seems full of struggles.
जीवन संघर्ष से भरा हुआ प्रतीत होता है या लगता है।

280. Everything seems new, fresh.
सब कुछ नया, ताज़ा लगता है।

281. I recall that incident.
मुझे वो घटना याद आती है।

282. Oil floats on water.
तेल पानी के ऊपर तैरता है।

283. I approve of myself.
मैं ख़ुद को स्वीकार करता हूँ।

284. She threatens me every now and then.
वह मुझे अक्सर धमकाती है।

285. My mother pampers me.
मेरी माँ मुझे अधिक लाड़ करती है।

286. I hit him with the hammer.
मैं उसे हथौड़े से मारता हूँ।

287. He lives a life of luxury.
वह ऐशो–आराम की ज़िंदगी जीता है।

288. They bring up orphans.
वे अनाथों का पालन–पोषण करते हैं।

289. Every/any Tom, Dick and Harry talks like this.
हर ऐरा–गैरा ऐसे बात करता है।

290. Teachers get used to speaking louder.
शिक्षकों को ऊँचा बोलने की आदत हो जाती है।

291. I want you to go there.
मैं चाहता हूँ कि तुम वहाँ जाओ।

292. He wants me to smile always.
वह चाहता है कि मैं हमेशा मुस्कराऊँ।

293. He takes a sigh of relief.
वह चैन या राहत की साँस लेता है।

294. Children come panting.
बच्चे हाँफते हुए आते हैं।

295. I see them coming.
मैं उन लोगों को आते हुए देखता हूँ।

296. She drags the curtains.
वह परदा खींचती है।

297. She compels me to lie.
वह मुझे झूठ बोलने को मज़बूर करती है।

298. They fall in love with each other.
उन्हें एक–दूसरे से प्यार हो जाता है।

299. She starts behaving indifferently.
वह उदासीनता से बर्ताव करने लगती है।

300. Her voice quivers.
उसकी आवाज़ काँपती है।

301. The building shudders.
इमारत काँप उठती है।

302. He snaps fingers.
वह चुटकी बजाता है।

303. They throw a grand party.
वे एक बड़ी पार्टी देते हैं।

304. I stay asleep.
मैं सोया रहता हूँ।

305. I eye on them.
मैं उनपर नज़र रखता हूँ।

306. They come prepared for the test.
वे जाँच–परीक्षा के लिए तैयारी करके आते हैं।

307. His suggestion works.
उसकी सलाह काम करती है।

308. They get addicted to this lifestyle.
वे इस जीवनशैली के आदी हो जाते हैं।

309. He squints through the keyhole.
वह की–होल से देखता है।

310. I do realize my mistake.
मुझे मेरी ग़लती का एहसास होता तो है।

311. I still commit mistake.
मैं फिर भी या अभी भी ग़लती करता हूँ।

312. He yawns.
वह उबासी लेता है।

313. She stretches her limbs.
वह अंगड़ाई लेती है।

314. Patients recover quickly.
मरीज़ जल्दी ठीक हो जाते हैं।

315. The doctor treats but God heals.
डॉक्टर इलाज़ करते हैं पर ईश्वर स्वस्थ करते हैं।

316. The whole world admires her.
सारा संसार उसकी प्रशंसा करता है।

317. She talks innocently.
वह मासूमियत या भोलेपन से बातें करती है।

318. Everything seems easy to her.
उसे सब कुछ आसान लगता है।

319. The light shimmers.
प्रकाश झिलमिलाता है।

320. Thorns prick him.
उसे काँटे चुभते हैं।

321. We usually greet life with a sinking heart.
हम आमतौर पर ज़िंदगी का स्वागत डूबते दिल से करते हैं।

322. We usually stay at complain counters.
हम आमतौर पर शिकायत काउंटर पर रहते हैं।

323. We want a joyous life.
हम एक ख़ुशहाल जीवन चाहते हैं।

324. We want a prosperous life.
हम एक समृद्ध जीवन चाहते हैं।

325. We want a loving life.
हम एक प्यार भरा जीवन चाहते हैं।

326. It comes back in like form.
यह उसी रूप में वापस आता है।

327. You get to have whatever you choose to think.
जो आप सोचने का चुनाव करते हैं वो आप हासिल कर पाते हैं।

328. The change begins.
परिवर्तन या बदलाव शुरू होता है।

329. Butterflies move so swiftly.
तितलियाँ इतनी तेज़ी से भागती है।

330. Junk foods upset our bodies.
जंक फूड हमारे शरीर को अशांत कर देते हैं।

331. We stay away from them.
हम उनसे दूर रहते हैं।

332. Our mind creates our future.
हमारा दिमाग़ हमारे भविश्य की रचना करता है।

333. Negative thoughts make you ill.
नकारात्मक विचार तुम्हें बीमार करते हैं।

334. Children memorize battle dates.
बच्चे युद्ध की तारीख़ें याद करते हैं।

335. It seems like such a waste of mental energy.
यह तो मानसिक ऊर्ज़ा की बहुत बर्बादी लगती है।

336. I choose to make changes.
मैं बदलाव लाने का चुनाव करता हूँ।

337. People press my anger button.
लोग मुझे गुस्सा दिला देते हैं।

338. Death comes to everyone.
मृत्यु सबको आती है।

339. You seem changed.
तुम बदले हुए लगते हो।

340. It appears difficult.
यह मुश्किल लगता है।

341. It happens to me only.
यह मेरे साथ ही होता है।

342. It works well.
यह सही से काम करता है।

343. Roti burns.
रोटी जल जाती है।

344. Eggs rot.
अंडे सड़ जाते हैं।

345. We feel bad.
हमें बुरा लगता है।

346. Angels come down and help the needy.
देवदूत नीचे आते हैं और ज़रुरतमंदों की मदद करते हैं।

347. Rain comes.
बारिश आती है।

348. They pluck flowers every morning.
वे हर सुबह फूल तोड़ते हैं।

349. My dad collects lots of flowers for my mom.
मेरे पिता मेरी माँ के लिए ढेर सारा फूल इकट्ठा करते हैं।

350. This car accommodates seven people.
इस कार में सात लोग आ जाते हैं।

351. They play prank.
वे शरारत करते हैं।

352. We stroll in the morning.
हम सुबह में सैर करते हैं।

353. They exult to see their children.
वे अपने बच्चों को देखकर फूले नहीं समाते हैं।

354. Birds peck.
पक्षी चोंच मारते हैं या चुगते हैं।

355. She procrastinates a lot.
वह बहुत टालमटोल करती है।

356. They slander their neighbour.
वे लोग अपने पड़ोसी की निंदा करते हैं।

357. He craves for chocolates.
वह चॉकलेट के लिए लालायित होता है।

358. He snatches my pencil.
वह मेरी पेंसिल छीन लेता है।

359. They reveal secret.
वे लोग राज़ ज़ाहिर कर देते हैं।

360. I retch during the long journey.
लंबी यात्रा में मुझे मितली आती है।

361. He knows nothing.
वह कुछ नहीं जानता है या उसे कुछ नहीं पता है।

362. She knows a little.
उसे थोड़ा पता है।

363. It occurs frequently.
यह अक्सर होता है।

364. The mother snuggles her child.
माँ अपने बच्चे को सीने से लगा लेती है या सीने से लगाकर सोती है।

365. The whole world becomes our enemy.
सारा संसार हमारा दुश्मन हो जाता है।

366. He keeps standing.
वह खड़ा रहता है।

367. He gets busy in the afternoon.
वह दोपहर में व्यस्त हो जाता है।

368. My nephew leaves home at five.
मेरा भतीजा पाँच बजे घर से निकलता है।

369. I leave for office early.
मैं ऑफिस के लिए जल्दी निकलता हूँ।

370. Environment gets polluted.
वातावरण प्रदूषित हो जाता है।

371. Kidnappers threaten them.
अपहरणकर्ता उन्हें धमकाते हैं।

372. I get surprised.
मैं आश्चर्यचकित हो जाती हूँ।

373. They get to feed themselves somehow.
वे लोग किसी तरह अपने भोजन का इंतजाम कर पाते हैं।

374. She denies it.
वह इससे इंकार करती है।

375. Farmers toil day and night.
किसान दिन–रात मेहनत करते हैं।

376. Parents underestimate their children.
माँ–बाप बच्चों को कम आँकते है।

377. She stitches her clothes herself.
वह अपना कपड़े खुद सिलती है।

378. It gets hot.
यह गर्म हो जाता है या गरमी हो जाती है।

379. Heart sinks.
दिल डूब जाता है।

380. She pretends to be happy.
वह ख़ुश होने का दिखावा करती है।

381. He lags everyone behind.
वह सबको पीछे छोड़ देता है।

382. He lags behind.
वह पीछे रह जाता है।

383. It pains.
यह दर्द करता है।

384. The gardener waters the plants.
माली पौधों को पानी देता है।

385. The cobbler mends our shoes.
मोची हमारे जूतों की मरम्मत करता है।

386. Hands burn/get burnt.
हाथ जल जाते हैं।

387. Hands get burnt while cooking.
हाथ खाना पकाने वक़्त जल जाते हैं।

388. Eyes start paining.
आँखें दर्द करने लगती हैं।

389. The fan starts moving.
पंखा चलने लगता है।

390. It begins to sweat.
पसीना आने लगता है।

391. The game begins.
खेल शुरू हो जाता है।

392. I feel thirsty.
मुझे प्यास लगती है।

393. Leaves start falling.
पत्ते गिरने लगते हैं।

394. Flowers bloom.
फूल खिलते हैं।

395. Things seem clearer.
चीज़ें ज्यादा स्पष्ट प्रतीत होती हैं।

396. Fruit ripens.
फल पक जाते हैं।

397. He empties the glass.
वह गिलास खाली कर देता है।

398. Friends become enemy.
दोस्त दुश्मन बन जाते हैं।

399. The earthquake brings disaster.
भूंकप आपदाएँ लाता है।

400. It distracts us.
यह हमें विचलित करता है या यह हमारा ध्यान भंग करता है।

401. It costs nothing.
इसमें एक पैसा भी नहीं लगता है।

402. Fire breaks out.
आग लग जाती है।

403. It brings hope.
यह आशा जगाती है या उम्मीद लाती है।

404. Roses wilt.
गुलाब मुरझा जाते हैं।

405. The power goes off.
बिजली गुल हो जाती है।

406. He bangs his head against the wall.
वह अपना सिर दीवार से टकराता है।

407. I keep my mouth shut/closed.
मैं अपना मुँह बंद रखता हूँ।

408. Wisdom comes from experiences.
बुद्धिमता अनुभवों से आती है।

409. A beggar keeps standing here all the day.
एक भिखारी यहाँ सारा दिन खड़ा रहता है।

410. He asks for money.
वह पैसा माँगता है।

411. His hands remain stretched.
उसके हाथ फैले रहते हैं।

412. He sprawls anywhere.
वह कहीं भी पसर जाता है।

413. They go somewhere every Monday morning.
वे हर सोमवार को सुबह कहीं जाते हैं।

414. Things happen automatically.
चीज़ें अपने–आप होती है।

415. Words come out spontaneously.
शब्द अपने–आप बाहर आ जाते हैं।

416. I feel pity for them.
मुझे उन पर दया आती है।

417. Heart gets transplanted.
हृदय का प्रत्यारोपण होता है।

418. Dogs wag their tails.
कुत्ते अपनी पूँछ हिलाते हैं।

419. We repent.
हम पछताते हैं।

420. She waves her arm.
वह अपनी बाँह हिलाकर बाय करती है।

421. I lose contest.
मैं स्पर्धा में हार जाता हूँ।

422. I keep control somehow.
मैं किसी तरह नियंत्रण रखता हूँ।

423. Windows stay open.
खिड़कियाँ खुली रहती हैं।

424. Books get lost.
किताबें खो जाती हैं।

425. I get worried.
मैं चिंतित हो जाता हूँ।

426. They overlook.
वे नज़रअंदाज या अनदेखा करते हैं।

427. Eyes wait silently.
आँखें चुपचाप इंतज़ार करती हैं।

428. Lips become dumb.
होंठ ख़ामोश हो जाते हैं।

429. Everything becomes visible.
सब कुछ नज़र आने लगता है।

430. We see someone's shadow.
हम किसी की परछाईं देखते हैं।

431. The true devotees get to see God.
सच्चे भक्त भगवान को देख पाते हैं।

432. Everybody realizes his mistakes someday.
हर किसी को एक दिन अपनी गलती का एहसास होता है।

433. It becomes/gets pretty late by then.
तब तक बहुत देर हो जाती है।

434. Nobody waits for ever.
कोई भी हमेशा के लिए इंतज़ार नहीं करता है।

435. Pleasures and pains both don't last longer.
आनंद और दर्द दोनों ही ज़्यादा देर नहीं टिकते हैं।

436. He whistles out of happiness.
वह ख़ुशी के मारे सीटी बजाता है।

437. They dance with the door closed.
वे दरवाज़ा बंद करके नाचते हैं।

438. Nobody comes to know about it.
किसी को इस बारे में पता नहीं चलता है।

439. He goes disappointed.
वह निराश हो जाता है।

440. They dance while alone.
वे लोग अकेले में नाचते हैं।

441. Hatred brings an end to everything.
नफरत सब कुछ खत्म कर देती है।

442. Hatred and jealousy benefit none.
नफरत और ईर्ष्या किसी का भला नहीं करती है।

443. Love beautifies the whole world.
प्यार सारे संसार को खूबसूरत बना देता है।

444. Everybody falls in love once.
सबको एक बार प्यार होता है।

445. Selfless love does miracles.
निस्वार्थ प्रेम चमत्कार करता है।

446. Circumstances make them commit crime.
हालात उनसे अपराध कराती है।

447. Disappointment takes away life.
निराशा जीवन ले लेता है।

448. He gets disheartened quickly.
वह जल्दी ही हताश हो जाता है।

449. Criticism affects performance.
आलोचना प्रदर्शन पर असर डालती है।

450. Praise lifts us up.
प्रशंसा हमारा मनोबल बढ़ाती है।

451. Light comes through ventilator.
प्रकाश रोशनदान से होकर आता है।

452. Pots get empty.
घड़े खाली हो जाते हैं।

453. His sweat stinks.
उसके पसीने से दुर्गंध आती है।

454. He goes mad to see her.
वह उसको देखने को बेताब हो जाता है।

455. He walks away disappointed.
वह निराश होकर चला जाता है।

456. He gets mad after seeing him.
वह उसको देखकर आगबबूला हो उठता है।

457. A ray of hope appears.
एक आशा की किरण प्रकट होती है।

458. We get there on time.
हम वहाँ समय पर पहुँच जाते हैं।

459. They fetch milk from their village.
वे अपने गाँव से दूध लेकर आते हैं।

460. People point fingers at each other.
लोग एक–दूसरे पर उंगलियाँ उठाते हैं।

461. They want even their tiny work noticed.
वे अपने छोटे–से–छोटे काम को सबकी नज़रों में लाना चाहते हैं।

462. They show off a lot.
वे बहुत दिखावा करते हैं।

463. They spend their whole day watching T.V.
वे लोग अपना सारा दिन टी.वी. देखते हुए गुजारते हैं।

464. They spend their time complaining and criticizing.
वे अपना समय शिकायत और आलोचना करते हुए बिताते हैं।

465. He gets engrossed in playing guitar.
वह गिटार बजाने में तल्लीन हो जाता है।

466. They get busy later on.
वे बाद में व्यस्त हो जाते हैं।

467. They tremble with fear.
वे डर से काँपते हैं।

468. Children shiver from cold.
बच्चे ठंड से काँपते हैं।

469. We feel their absence.
हम उनकी अनुपस्थिति महसूस करते हैं।

470. The phone rings repeatedly.
फोन बार–बार बजता है।

471. We lay prostrate.
हम दंडवत् लेट जाते हैं।

472. Students enhance their typing speed.
विद्यार्थी अपनी टाइपिंग स्पीड बढ़ाते हैं।

473. Height increases.
ऊँचाई बढ़ जाती है।

474. Length decreases.
लंबाई कम जाती है।

475. It seems difficult.
यह मुश्किल लगता है।

476. Nobody needs me.
किसी को मेरी ज़रूरत नहीं है।

477. I feel so.
मुझे ऐसा महसूस होता है।

478. We stay unmoved.
हम अप्रभावित रहते हैं।

479. We stay out of this.
हम इससे अलग या दूर रहते हैं।

480. That dog bites everyone.
वह कुत्ता सबको काट लेता है।

481. I do my work myself.
मैं अपना काम खुद करता हूँ।

482. They fall on our feet.
वे हमारे पैरों पर गिरते हैं या वे हमारे पैर पड़ते हैं।

483. Victims take revenge.
पीड़ित बदला लेते हैं।

484. The police rescue common people.
पुलिस आम नागरिक को मुश्किलों से बचाती है।

485. The purse gets stolen.
पर्स चोरी हो जाता है।

486. We get to know the truth.
हम सच जान पाते हैं।

487. They get to the truth.
वे सच्चाई तक पहुँच जाते हैं।

488. I feel suffocated here.
मैं यहाँ घुटन महसूस करता हूँ।

489. We deserve love and respect.
हम प्यार और सम्मान के क़ाबिल हैं।

490. The child feels insulted.
बच्चा अपमानित महसूस करता है।

491. We usually remember God in pain.
हम ईश्वर को अक्सर तकलीफ में याद करते हैं।

492. I miss him more when I'm) alone.
मुझे उसकी ज़्यादा याद आती है जब मैं अकेला होता हूँ।

493. Love happens at first sight.
प्यार पहली नज़र में हो जाता है।

494. A wonderful idea comes suddenly.
एक अद्‌भुत विचार अचानक से आता है।

495. We start shivering.
हम काँपने लगते हैं।

496. Everybody dislikes shirkers.
कामचोर को सब नापसंद करते हैं।

497. Even the dishonest needs the honest.
बेईमान को भी ईमानदार की ज़रूरत होती है।

498. Brides veil themselves.
दुल्हन घूँघट करती हैं।

499. The bud turns into a flower.
कली फूल में बदल जाती है।

500. He works untiringly/tirelessly.
वह बिना थके काम करता है।

501. Forgiveness dissolves the resentment.
क्षमा गुस्से को खत्म कर देती है।

502. I leave to work.
मैं काम के लिए निकलता हूँ।

503. I need to start sleeping early.
मुझे जल्दी सोना शुरू करने की ज़रूरत है।

504. I reach on time.
मैं समय पर पहुँचता हूँ।

505. Six O'clock I leave.
मैं 6 बजे निकलता हूँ।

506. We take care of everything outside.
हम बाहर सब चीज़ों का ख़्याल रखते हैं।

507. Ego clashes.
अहं टकराता हैं।

508. It feels incomplete.
यह अधूरा लगता है या महसूस होता है।

509. I stay worry-free.
मैं चिंतामुक्त रहता हूँ।

510. Nothing ever escapes my sharp eye.
मेरी पैनी आँखों से कुछ भी नहीं बचता या छुपता है।

511. No one returns empty.
कोई भी ख़ाली वापस नहीं जाता है।

Chapter – 3

Diary (One-time Incident)

1. The fire broke out.
आग लग गई।
2. It pinched me.
यह मुझे चुभा।
3. They mumbled.
वे बुदबुदाए।
4. We threw a party.
हमने एक पार्टी दी।
5. I slapped him.
मैंने उसे थप्पड़ मारा।
6. They made it happen.
उन्होंने यह कर दिखाया।
7. The frog croaked.
मेढक टरटराया।
8. He whispered something into Ram's ear.
उसने राम के कान में कुछ फुसफुसा कर कहा।
9. His elbow broke.
उसकी कोहनी टूट गई।
10. The car broke down.
कार ख़राब हो गई।
11. I suspected them.
मुझे उनपर संदेह हुआ।
12. His tears came out.
उसके आँसू बाहर आ गए।
13. He tickled me.
उसने मुझे गुदगुदाया या गुदगुदी लगायी।
14. My legs started tingling.
मेरे पैर झुनझुनाने लगे।
15. I felt tingling.
मुझे झुनझुनाहट महसूस हुई।
16. He caught sight of me.
उसकी नज़र मुझ पर पड़ी।
17. The rain started pattering.
बारिश होने लगी।
18. The child nodded.
बच्चे ने सर हिलाया।
19. The water dripped.
पानी टपका।
20. We got disheartened.
हम हताश हो गये।
21. I made him feel guilty.
मैंने उसे दोषी महसूस कराया।
22. His face wilted.
उसका चेहरा मुरझा गया।
23. He jeered/scoffed at me.
उसने मुझे ताना मारा।

24. He berated himself.
उसने खुद को कोसा।

25. I did what he said.
जो उसने कहा वो मैंने किया।

26. She felt bad.
उसे बुरा लगा।

27. It hurt her.
इससे उसे चोट पहुँची।

28. It tilted a little.
यह थोड़ा झुक गया।

29. That balloon deflated.
वह गुब्बारा पिचक गया।

30. I hid my pain.
मैंने अपना दर्द छुपा लिया।

31. He entertained me.
उसने मेरा मनोरंजन किया।

32. That incident taught me a lesson.
उस घटना ने मुझे एक सबक सिखाया।

33. She always took care of my needs.
उसने मेरी ज़रूरतों का हमेशा ध्यान रखा।

34. He confessed his guilt.
उसने अपना दोष क़बूल किया।

35. They showered love on us always.
उन्होंने हमेशा हम पर अपना प्यार न्यौछावर किया।

36. He scared me.
उसने मुझे डराया।

37. That man came to threaten me.
वह आदमी मुझे धमकाने आया था।

38. His marriage got fixed.
उसकी शादी तय हो गयी।

39. My back started aching.
मेरी पीठ दर्द करने लगी।

40. Songs started playing.
गाने बजने लगे।

41. He pierced his ear himself.
उसने अपना कान ख़ुद ही छेद लिया।

42. The old man started coughing.
बूढ़ा आदमी खाँसने लगा।

43. She kept sobbing whole night.
वह सारी रात सिसकती रही।

44. I stayed silent.
मैं चुप रहा।

45. He squeezed two lemons.
उसने दो नींबू निचोड़े।

46. They forgave him for his mistake.
उन लोगों ने उसे उसकी ग़लती के लिए क्षमा कर दिया।

47. I had a nightmare.
मुझे एक बुरा सपना आया।

48. He fainted on the stage itself.
वह स्टेज पर ही बेहोश हो गया।

49. I began to yell.
मैं चीखने लगी।

50. The leech sucked his blood.
जोंक ने उसका खून चूस लिया।

51. My anger subsided.
मेरा गुस्सा कम हो गया।

52. He got on my nerves.
उसने मेरी नाक में दम कर दिया।

53. It reminded me of my childhood.
इसने मुझे मेरे बचपन की याद दिला दी।

54. My mother fanned me whole night.
मेरी माँ ने मुझे सारी रात पंखे से हवा की।

55. My leg numbed/got numb.
मेरा पाँव सुन्न हो गया।

56. His performance stunned everyone.
उसके प्रदर्शन ने सबको चकित कर दिया।

57. Everything became crystal clear.
सब कुछ शीशे की तरह साफ हो गया।

58. I saw his fainted image.
मैंने उसकी धुंधली छवि देखी।

59. She recalled some faint memories of her early childhood.
उसे अपने बचपन की कुछ धुंधली यादें स्मरण हो आयीं।

60. I sensed something.
मुझे कुछ आभास हुआ।

61. He started panting/gasping.
वह हाँफने लगा।

62. Life got hell.
जीवन नरक हो गया।

63. My brother kept his wallet under the pillow.
मेरे भाई ने अपना पर्स तकिये के नीचे रखा।

64. He kept it written on the board.
उसने इसे बोर्ड पर लिखा रहने दिया।

65. My joy knew no bounds.
मेरी ख़ुशी की कोई सीमा न रही।

66. He winded up his business.
उसने अपना व्यवसाय समेट लिया।

67. I accompanied him to the market.
मैं बाज़ार तक उसके साथ गया।

68. He stayed true.
वह सच्चा रहा।

69. The kidnapper stuffed clothes into the child's mouth.
अपहरणकर्ता ने बच्चे के मुँह में कपड़ा ठूंस दिया।

70. Here an accident took place.
यहाँ एक दुर्घटना हुई।

71. Students started dozing in the classroom.
विद्यार्थी कक्षा में ऊँघने लगे।

72. The milk curdled/turned sour.
दूध फट गया।

73. I stopped bragging.
मैंने डींग हाँकना बंद कर दिया।

74. That girl left the house that very moment.
उस लड़की ने उसी क्षण घर छोड़ दिया।

75. Something stole my mental peace.
किसी ने मेरी मानसिक शांति चुरा ली।

76. My ego snatched my happiness.
मेरे अहं ने मेरी ख़ुशी छीन ली।

77. It took my breath away.
मैं तो अवाक् ही रह गया।

78. He popped off.
उसकी मृत्यु हो गयी।

79. I myself took charge of my life.
मैंने अपने जीवन को अपने हाथ में लिया।

80. God appeared.
भगवान प्रकट हुए।

81. He disappeared at once.
वह तुरंत गायब हो गया।

82. I noticed something strange there.
वहाँ मैंने कुछ विचित्र बात ग़ौर की।

83. That child caught my attention.
उस बच्चे ने मेरा ध्यान आकर्षित किया।

84. My nephew went to school reluctantly.
मेरा भतीजा बेमन से स्कूल गया।

85. Some magic happened!
कोई जादू हुआ!

86. She forgot to give him medicine.
वह उसको दवा देना भूल गयी।

87. It stayed with me.
यह मेरे साथ रह गया।

88. He finally learnt to stay happy.
आख़िर वह ख़ुश रहना सीख ही गया।

89. She bumped with that man.
वह उस आदमी से टकरा गयी।

90. He kept me waiting.
उसने मुझे इंतज़ार करवाया।

91. That matter got settled/resolved/sorted out.
मामला सुलझ गया।

92. They came to the court for hearing.
वे सुनवाई के लिए न्यायालय आये।

93. My son fell asleep.
मेरा बेटा सो गया।

94. He took a nap for fifteen minutes and resumed study.
उसने पंद्रह मिनट की झपकी ली और दुबारा पढ़ाई शुरू किया।

95. He reached into his pocket to take out ten rupees.
उसने दस रूपये निकालने के लिए जेब में हाथ डाला।

96. The bird spread its wings.
चिड़िया ने अपने पंख फैलाये।

97. He puked on the bed.
उसने बिस्तर पर उल्टी कर दी।

98. I felt embarrassed.
मुझे शर्मिंदगी महसूस हुई।

99. It crushed even my soul.
इसने मेरी आत्मा तक को कुचल दिया।

100. The building collapsed.
इमारत ढह गयी।

101. He collapsed there itself.
वह वहीं गिर गया।

102. An idea struck into my mind.
मेरे दिमाग में एक विचार कौंधा।

103. He came here so excited.
वह बहुत उत्साहित होकर यहां आया था।

104. She felt undeserving.
उसने ख़ुद को नाक़ाबिल महसूस किया।

105. My neighbour's son broke his leg.
मेरे पड़ोसी के बेटे की टांग टूट गयी।

106. Abundance fell in our laps.
प्रचुरता हमारी गोद में आ गिरी।

107. The raindrops fell on the windowpane.
बारिश की बूँदें खिड़की के शीशे पर पड़ी।

108. She suffered a mental trauma.
वह मानसिक आघात से गुजरी।

109. I said to myself.
मैंने ख़ुद से कहा।

110. He kept calling me from behind.
वह मुझे पीछे से पुकारता रहा।

111. I paid no heed to it.
मैंने इस पर कोई ध्यान नहीं दिया।

112. It took me many years to realize.
इसका एहसास होने में मुझे कई वर्ष लग गए।

113. It took me just a minute to decide my next step.
मेरे अगले क़दम को तय करने में मुझे बस एक मिनट लगा।

114. It made me angry.
इसने मुझे गुस्सा दिला दिया।

115. It kept me stuck there.
इसने मुझे वहाँ अटकाए रखा।

116. He wanted to expand his business.
वह अपने व्यवसाय को फैलाना चाहता था।

117. It did wonders.
इसने चमत्कार किया।

118. The child swallowed peanuts.
बच्चे ने मूंगफली निगल लिया।

119. The boat sank.
नाव डूब गयी।

120. The man drowned.
आदमी डूब गया या डूबकर मर गया।

121. Something wrong happened.
कुछ ग़लत हुआ।

122. He quenched his thirst.
उसने अपनी प्यास बुझायी।

123. She overheard our talk.
उसने हमारी बात संयोग से या छुपकर सुन ली।

124. It felt right.
यह सही लगा।

125. I felt thirsty.
मुझे प्यास लगी।

126. He visualized himself as a little child.
उसने खुद की कल्पना एक छोटे बच्चे के रूप में की।

127. I resented the most.
मुझे (इससे) सबसे ज्यादा नाराजगी हुई।

128. He felt lighter.
उसने हल्का महसूस किया।

129. Negative thoughts came up.
नये विचार आये।

130. They kept telling her.
वे उसे बोलते रहे।

131. She approved of herself.
उसने खुद को स्वीकार किया।

132. I said out loud.
मैंने ज़ोर से बोला।

133. The son comforted the mother.
बेटे ने माँ को शांत किया।

134. He held her trembling hand.
उसने उसके काँपते हाथ को थामा।

135. He embraced her lovingly.
उसने उसको प्यार से गले लगाया।

136. She told me all this.
उसने मुझे यह सब बताया।

137. My mother crooned to me.
मेरी माँ ने मेरे लिए गुनगुनाया।

138. His daughter came to know.
उसकी बेटी को पता चल गया।

139. Nobody knew what happened.
किसी को पता नहीं था क्या हुआ।

140. I put on sandals and came out.
मैंने सैंडल पहनी और बाहर आया।

141. I stopped preaching.
मैंने उपदेश देना बंद कर दिया।

142. I started working.
मैंने काम करना शुरू किया।

143. He fell silent.
वह चुप हो गया।

144. I got him into trouble.
मैंने उसे मुश्किल में डाल दिया।

145. Negotiations turned into arguments.
विचार–विमर्श ने बहस का रूप ले लिया।

146. The car bumped the coming bike.
कार ने आती हुई बाइक को टक्कर मार दी।

147. The car knocked over the child.
कार ने बच्चे को कुचल दिया।

148. He played the movie.
उसने मूवी चलायी।

149. I dozed off.
मुझे नींद आ गयी।

150. She crushed the boiled potatoes.
उसने उबले हुए आलू को कुचला।

151. I broke up with him.
मैंने उसके साथ रिश्ता तोड़ लिया।

152. He broke his arm.
उसकी बाँह टूट गयी।

153. I broke eggs by mistake.
मुझसे ग़लती से अडें टटू गए।

154. I swore an oath.
मैंने एक शपथ ली।

155. He swore to me.
उसने मेरी कसम खाई।

156. The child ate green chili.
बच्चे ने हरी मिर्च खा ली।

157. They left.
वे निकल गए।

158. The police chased the thief.
पुलिस ने चोर का पीछा किया।

159. The servant heard the knock and opened the door.
नौकर ने आहट सुनी और दरवाज़ा खोला।

160. The girl rescued the bird.
लड़की ने पक्षी की जान बचायी।

161. The man escaped.
आदमी बच के भाग निकला।

162. The man escaped the accident.
आदमी दुर्घटना से बच गया।

163. India won by five wickets.
भारत पाँच विकेट से जीत गया।

164. She hid the secret.
उसने राज़ छुपाया।

165. That poor child survived on leftovers.
वह ग़रीब बच्चा जूठन न पर जिया।

166. My dad survived by God's grace.
मेरे पिता ईश्वर की कृपा से जीवित बच गए।

167. That lady stood on one leg.
वह महिला एक पैर पर खड़ी हो गई।

168. The boy drenched.
बच्चा भींग गया।

169. We got into trouble.
हम मुश्किल में पड़ गए।

170. She walked me to the door.
वह मुझे दरवाज़े तक ले आई।

171. They clarified the concept.
उन्होंने अवधारणा को स्पष्ट किया।

172. He showed us the exit door.
उन्होंने हमें बाहर का रास्ता दिखा दिया।

173. They misinterpreted the whole incident.
उन्होंने सारी घटना का ग़लत अर्थ लगाया।

174. She flew the butterfly.
उसने तितली को उड़ा दिया।

175. I flew kite.
मैंने पतंग उड़ायी।

176. I made a fun of him/I mocked at him.
मैंने उसका मज़ाक उड़ाया।

177. I got nervous to see him.
मैं उसे देखकर घबरा गयी।

178. My leg slipped.
मेरा पैर फिसल गया।

179. The bird pecked the grain.
पक्षी ने दाना चुगा या चुना।

180. My mother got angry with me.
मेरी माँ मुझसे नाराज़ हो गयीं।

181. He put the thread in to needle/ needled the thread.
उसने सुई में धागा डाला।

182. She set the curd.
उसने दही जमाया।

183. My hair got tangled.
मेरे बाल उलझ गए।

184. My hair got settled.
मेरे बाल सुलझ गए।

185. My sleep got disturbed.
मेरी निद्रा भंग हो गयी।

186. My eyes opened.
मेरी आँखें खुल गयीं।

187. I had a sound sleep.
मुझे अच्छी नीदं आयी।?

188. He spread another bedsheet.
उसने दूसरी चादर बिछायी।

189. She applied oil on her hair.
उसने बालों में तेल लगाया।

190. Mistakes occurred.
ग़लतियाँ हुईं।

191. An accident took place.
एक दुर्घटना हुई।

192. He ran away from school.
वह स्कूल से भाग गया।

193. The moon came out.
चाँद निकला।

194. I tolerated a lot.
मैंने बहुत बर्दाश्त किया।

195. The night passed somehow.
रात किसी तरह गुजरी।

196. The sky got cast with clouds.
आसमान बादलों से भर गया।

197. The worry went away.
चिंता दूर हो गयी।

198. Hard work paid.
कड़ी मेहनत रंग लायी।

199. She got lazy.
वह आलसी हो गयी।

200. I got emotional.
मैं भावुक हो गया।

201. She behaved stupidly.
उसने बेवकूफी भरा बर्ताव किया।

202. I didn't get/understand what she said.
उसने जो बोला वो मुझे समझ नहीं आया।

203. The hair got long.
बाल बड़े हो गये।

204. The condition got critical.
हालत गंभीर हो गयी।

205. Eyes met.
नज़रें मिली।

206. Obstacles came.
बाधाएँ आयीं।

207. Hatred happened.
नफरत हो गयी।

208. He gave them a curt reply.
उसने उन्हें रूखा जवाब दिया।

209. They got mesmerized to see her beauty.
वे उसकी सुंदरता को देख मुग्ध हो गए।

210. I got the intuition.
मुझे अंतर्ज्ञान हो गया।

211. He got dressed.
उसने कपड़े पहने।

212. He got distracted.
वह विचलित हो गया।

213. That girl got dizzy.
उस लड़की को चक्कर आया।

214. She had a heart attack.
उसे दिल का दौरा पड़ा।

215. I regretted.
मुझे पछतावा हुआ।

216. Life saved.
जीवन बच गया।

217. The rod got curved.
छड़ टेढ़ी हो गयी।

218. The food got finished.
खाना खत् म हो गया।

219. The tire burst.
टायर फट गया।

220. Mobile got charged.
मोबाइल चार्ज हो गया।

221. The t-shirt got wet.
टी–शर्ट गीला हो गया।

222. He kept on eating.
वह खाता रहा।

223. The crop ripened.
फसल पक गई।

224. The tongue got bitter.
जुबान कड़वी हो गयी।

225. The talk got bitter.
बातचीत कड़वी हो गयी।

226. He felt jealous of his neighbour.
उसे अपने पड़ोसी से जलन महसूस हुई।

227. Somebody uprooted the plant and took it away.
किसी ने पौधे को उखाड़ लिया और लेकर चला गया।

228. His glasses broke/got broken.
उसका चश्मा टूट गया।

229. He got sprained.
उसे मोच आ गयी।

230. The tea fell on his hand.
उसके हाथ पर चाय गिर गयी।

231. The food got ready.
खाना तैयार हो गया।

232. His leg got burnt/he burnt his leg.
उसका पाँव जल गया।

233. Breathing stopped.
साँस रूक गयी।

234. I kept staring that girl.
मैं उस लड़की को घूरता रहा।

235. He went to fetch information.
वह जानकारी लेने गया या वह पता करने गया।

236. Breathing got difficult.
साँस लेने में मुश्किल होने लगी।

237. Breathing got stuck.
साँसें अटक गयीं।

238. It stuck his breathing.
इससे उसकी साँसें अटक गयीं।

239. He grinned his teeth.
उसने अपने दाँत निपोरे या पीसे।

240. They spurned all our offers of help.
उसने मदद के हमारे सारे प्रस्तावों को ठुकरा दिया।

241. He spurned my request.
उसने मेरी विनती को ठुकरा दिया।

242. He made my day.
उसने मेरा दिन बना दिया।

243. The man frowned.
आदमी क्रुद्ध हो गया।

244. He moved to a better place.
वह बेहतर जगह चला गया।

245. It took/got me nowhere.
यह मुझे कहीं नहीं लाया या इसने मुझे कहीं का नहीं रखा।

246. You seemed to have no problems.
ऐसा लगा कि तुम्हें कोई समस्या नहीं थी।

247. He criticized himself all his life.
उसने सारी ज़िंदगी ख़ुद की आलोचना की।

248. He stayed motivated.
वह प्रेरित रहा।

249. We did it earlier.
हमने इसे पहले किया था।

250. He became a person always saying 'I am sorry'.
वह हमेशा 'मैं शर्मिंदा हूँ' कहने वाला आदमी बन गया।

251. How did that feel then?
तब वह कैसा लगा?

252. It took quite a while.
इसमें थोड़ा–सा समय लगा।

253. My health began to improve.
मेरा स्वास्थ्य सुधरने लगा।

254. He began to make progress.
वह विकास करने लगा या वह आगे बढ़ने लगा।

255. It felt silly.
यह बेवकफ़ी लगी।

256. It sounded stuck up.
यह अटका हुआ सुनायी दिया।

257. He let his thoughts pass through.
उसने अपने विचारों को गुजरने दिया।

258. We gave meaning to them.
हमने उन्हें अर्थ दिया।

259. It got better than before.
यह पहले से बेहतर हो गया।

260. They bargained.
उन्होंने मोल–भाव किया।

261. She mulled over what happened in the past.
वह बीती बातों को सोचती रही।

262. She went to meet her brother.
वह अपने भाई से मिलने गयी।

263. The shirt got torn.
कमीज़ फट गयी।

264. I ran out of shampoo.
मेरा शैंपू ख़त्म हो गया।

265. He looked after his parents very well.
उसने अपने माता–पिता की बहुत अच्छे से देखभाल की।

266. The water got over/finished.
पानी ख़त्म हो गया।

267. The class got over.
क्लास ख़त्म हो गयी।

268. He strangled that man.
उसने उस आदमी की गला रेत कर हत्या कर दी।

269. I did what he said.
जो उसने कहा वो मैंने किया।

270. I felt/found it right to keep quiet.
मुझे चुप रहना सही लगा।

271. His behaviour amazed me.
उसके व्यवहार ने मुझे चकित कर दिया।

272. I turned a deaf ear.
मैंने अनसुना कर दिया।

273. I got/became worry-free.
मैं चिंतामुक्त हो गया।

274. I fell in love.
मैं प्यार में पड़ गया या मुझे प्यार हो गया।

275. He listened to me patiently.
उसने मुझे धैर्य से सुना।

276. Something magical happened to me.
मेरे साथ कुछ चमत्कारी हुआ।

277. Something struck me.
मुझे कुछ हुआ।

278. He approached me.
वह मेरी तरफ आया या उसने मुझसे संपर्क किया।

279. They found the thief.
उन्हें चोर मिल गया या उन्होंने चोर ढूंढ लिया।

280. She stopped speaking.
उसने बोलना बंद कर दिया।

281. He reprimanded his sister.
उसने अपनी बहन को बुरी तरह डाँटा।

282. The man ran away from there.
आदमी वहाँ से भाग गया।

283. They sat and talked around the fire.
वे आग के चारो ओर बैठ गये और बातें की।

284. The seamstress finished her work on time.
दरजिन (सिलाई करने वाली स्त्री) ने अपना काम समय पर पूरा कर लिया।

285. He endured all his pain.
उसने अपना सारा दर्द सहन किया।

286. We elevated this house to one more floor/storey.
हमने इस घर को एक मंजिल और ऊपर किया।

287. I embraced pain and happiness alike.
मैंने दर्द और खुशी को एक समान गले लगाया।

288. He climbed up the stairs.
वह सीढ़ियों से चढ़ गया।

289. He climbed on the staircase.
वह सीढ़ी पर चढ़ गया।

290. I tucked my shirt well.
मैंने शर्ट को अच्छी तरह खोंसा।

291. Stars shimmered.
तारे झिलमिलाये।

292. Someone tugged at my jacket.
किसी ने मेरा जैकेट खींचा।

293. She yanked the rope and it broke.
उसने रस्सी को ज़ोर से खीचा और वह टूट गया।

294. They did it leisurely.
उन्होंने इसे आराम से किया।

295. The vegetables rotted.
सब्ज़ियां सड़ गईं।

296. Problems came to an end.
समस्याएँ ख़त्म हो गयीं।

297. He retched at the rotten smell.
सड़ी हुई दुर्गंध से उसे उबकाई आने लगी।

298. They ignited the fire.
उन्होंने आग जलायी।

299. His mother brought him to me.
उसकी माँ उसे मेरे पास लेकर आयी।

300. I put him in a boarding school.
मैंने उसे बोर्डिंग स्कूल में डाल दिया।

301. It seemed possible.
यह मुमकिन लगा।

302. It sounded awkward.
यह सुनने में अजीब लगा।

303. They found it easy.
उन्हें यह आसान लगा।

304. He said it out of concern.
उसने यह परवाह से कहा।

305. The milk boiled.
दूध उबल गया।

306. The mother heated the milk for her child.
माँ ने बच्चे के लिए दूध गरम किया।

307. Something unpleasant happened.
कुछ अप्रिय हुआ।

308. He started convincing me.
वह मुझे आश्वस्त करने लगा।

309. He worked with me.
उसने मेरे साथ काम किया।

310. They always skipped (bunked) the class.
उन्होंने हमेशा कक्षा बंक किया।

311. You ditched me.
तुमने मुझे धोखा दिया।

312. My father scolded me.
मेरे पिता ने मुझे डाँटा।

313. He messed with the wrong guy.
वह ग़लत इंसान से उलझ गया।

314. Garima slipped while walking.
गरिमा चलते हुए फिसल गयी।

315. Rohit took forty rupees from me.
रोहित ने मुझसे 40 रूपये लिये।

316. I threw the stale sweets.
मैंने बासी मिठाईयों को फेंक दिया।

317. I got fined for 500 rupees.
मुझे 500 रूपये का फाइन या जुर्माना लगा।

318. He got surprised after opening the gift.
वह उपहार खोलने के बाद चकित रह गया।

319. Their house got robbed.
उनके घर पर डकैती हुई या उनका घर लूट लिया गया।

320. The thief ran away with 20 lakhs.
चोर बीस लाख रूपये लेकर भाग गया।

321. My neighbour fell off the stairs.
मेरा पड़ोसी सीढ़ियों से गिर गया।

322. Arun got promoted.
अरुण की पदोन्नति हुई।

323. This year we got a good hike in the salary.
इस साल हमारी तनख़्वाह में अच्छा इजाफा हुआ।

324. Our efforts paid off.
हमारी मेहनत रंग लाई।

325. I distributed food among the poor on my birthday.
मैंने अपने जन्मदिन पर ग़रीबों में भोजन वितरण किया या बाँटा।

326. I left my spectacles at home.
मैंने अपना चश्मा घर पर ही छोड़ दिया।

327. She left at nine.
वह नौ बजे निकली।

328. Anu completed a work in time.
अनु ने एक काम समय पर पूरा किया।

329. The manager spoiled the entire fun of the festival by calling us to the office.
मैनेजर ने हमें ऑफिस बुलाकर त्यौहार का सारा मज़ा किरकिरा कर दिया।

330. I recharged my mobile yesterday itself.
मैंने कल ही अपना मोबाइल रिचार्ज किया।

331. They got married last week.
उनकी शादी पिछले हफ्ते हुई।

332. We met last year.
हम पिछले साल मिले।

333. My phone battery died.
मेरे फोन की बैटरी ख़त्म हो गयी।

334. His wallet got stolen.
उसका पर्स चोरी हो गया।

335. The car broke down in the middle of the road.
कार सड़क के बीचोंबीच ख़राब हो गयी।

336. He lied to me about his age.
उसने मुझे अपनी उम्र के बारे में झूठ बोला।

337. He took my name.
उसने मेरा नाम लिया।

338. I found a new boy.
मुझे एक नया लड़का मिल गया।

339. I broke a glass while working in the kitchen.
रसोई में काम करते वक़्त मैंने एक गिलास तोड़ डाला।

340. I forgot to bring your pen.
मैं तुम्हारी क़लम लाना भूल गया।

341. He found his lost pen.
उसे अपना खोया हुआ पेन मिल गया।

342. He flew to Mumbai yesterday.
वह कल की उड़ान से मुंबई के लिए रवाना हो गया।

343. I held his bag in my hand for a long time.
मैं उसके बैग या थैले को काफ़ी वक़्त तक अपने हाथ में पकड़े रखा।

344. He sniffed.
वह सूँघा।

345. She began to worry.
वह चिंता करने लगी।

346. We happened to meet.
हमारा मिलना हुआ।

347. He screwed it up.
उसने इसे ख़राब कर दिया।

348. They started explaining to me.
उन्होंने मुझे समझाना शुरू कर दिया।

349. Her mother described the whole incident.
उसकी माँ ने सारा वृतांत सुनाया।

350. Students started yawning in the classroom.
विद्यार्थी कक्षा में उबासी लेने लगे।

351. I felt bitter.
मुझे कड़वा लगा।

352. Their talks got bitter gradually.
धीरे–धीरे उनकी बातचीत कड़वी होने लगी।

353. We shuffled the papers.
हमने काग़जात को उलट–पलट दिया।

354. The boy shuffled his feet.
लड़के ने अपने पैर हिलाये।

355. She shuffled her cards.
उसने ताश के पत्ते फेंटे।

356. He shuffled through the desk drawer.
उसने डेस्क दराज़ में रखे सामानों को उलट–पलट दिया।

357. I groaned out of pain.
मैं दर्द से कराहा।

358. The mustard spluttered.
सरसों छिटक या तड़क गयी।

359. He clenched his fist.
उसने अपनी मुट्ठी भींच ली।

360. The farmer tethered his cow outside.
किसान ने अपनी गाय को बाहर खूंटे से बाँध दिया।

361. He got up early today.
आज वो जल्दी उठा।

362. I sowed some tomato seeds.
मैंने थोड़े टमाटर के बीज़ बो दिये।

363. He swallowed a coin by mistake.
वह ग़लती से एक सिक्का निकल गया।

364. I advised him not to go there.
मैंने उसे वहाँ ना जाने का सुझाव दिया।

365. I told her to wait.
मैंने उसे इंतज़ार करने को कहा।

366. She got angry to hear this.
वह यह सुनकर नाराज़ हो गयी।

367. Taking her advice cost me.
उसका सुझाव लेना या मानना मुझे महंगा पड़ा।

368. My back hurt while bending.
झुकने के समय मेरी पीठ में दर्द हुआ।

369. I bent a little.
मैं थोड़ा झुका।

370. He lost to me.
वह मुझसे हार गया।

371. There lived a tailor.
वहाँ एक दर्ज़ी रहता था।

372. A stranger came to his shop.
एक अजनबी उसकी दुकान पर आया।

373. I heard about your brother's demise.
मैंने तुम्हारे भाई की मृत्यु के बारे में सुना।

374. They left for the journey.
वे यात्रा के लिए निकल पड़े।

375. He gathered some sticks to light a fire.
उसने आग जलाने के लिए थोड़ी लकड़ियाँ इकट्ठा कीं।

376. The ground trembled.
ज़मीन काँप उठी।

377. He hurled a mouthful of spit into the desolate street.
उसने एक सुनसान गली में थूक फेंका।

378. He folded his arms.
उसने अपने हाथ जोड़े।

379. He started to chant mantra.
वह मंत्रोच्चारण करने लगा।

380. He died instantly.
वह तुरंत मर गया।

381. He plucked some grapes.
उसने कुछ अंगूर तोड़े।

382. He saw a lit-up lamp.
उसने एक जलता हुआ लैंप देखा।

383. He got me out of here.
उसने मुझे यहां से बाहर निकाला।

384. He unwrapped the cloth.
उसने कपड़े को खोल दिया।

385. He took it to his father.
वह इसे अपने पिता के पास ले गया।

386. I spread a carpet.
मैंने एक क़ालीन बिछायी।

387. I dressed my daughter.
मैंने अपनी बेटी को कपड़े पहनाए या तैयार किया।

388. He escaped from the cave.
वह गुफा से बच कर निकल गया।

389. He disguised himself as a shopkeeper.
उसने एक दुकानदार का वेश बनाया।

390. She called out to mother.
उसने माँ को पुकारा।

391. He snuck inside.
वह भीतर झाँका या वह भीतर चुपके से आया।

392. My nephew hid behind the curtain.
मेरा भतीजा परदे के पीछे छुप गया।

393. They poured the juice into a glass.

उन्होंने जूस को गिलास में उड़ेला।

394. He added some sugar to it.
उसने इसमें थोड़ी चीनी मिलायी।

395. We pulled him out.
हमने उसे बाहर खींचकर निकाला।

396. He took good care of his son.
उसने अपने बेटे की अच्छी तरह देखभाल की।

397. Five years passed.
पाँच साल गुजर गये।

398. They grew up.
वे बड़े हो गये।

399. She began thinking.
वह सोचने लगी।

400. I found him standing outside.
मैंने उसे बाहर खड़ा पाया।

401. He came along.
वह साथ आया।

402. A snake grabbed him.
एक साँप ने उसे धर–दबोचा।

403. He caged a parrot.
उसने एक तोते को पिंज़रे में बंद कर दिया।

404. The student answered the questions correctly.
विद्यार्थी ने सवालों के जवाब सही–सही दिये।

405. They left from there.
वे लोग वहाँ से निकल गये।

406. She felt embarrassed.
उसे शर्मिंदगी महसूस हुई।

407. It made a lot of sense to her.
यह उसके लिए बहुत मायने रखता था।

408. It made no sense to me.
इसका मेरे लिए कोई अर्थ नहीं था।

409. She grasped so quickly.
उसने इतनी जल्दी समझ लिया।

410. I kept my eyes closed.
मैंने अपनी आँखें बंद रखी।

411. You made this mistake deliberately.
तुमने यह ग़लती जानबूझकर की।

412. He seemed extremely intelligent to me.
वह मुझे बहुत ज्यादा होशियार लगा।

413. The girl sat quietly for a long time.
लड़की काफी वक्त चुपचाप बैठी थी।

414. I observed my breathing.
मैंने अपनी साँसों पर ग़ौर किया।

415. The teacher helped her enormously.
शिक्षक ने उसकी बहुत ज्यादा मदद की।

416. We gave no importance.
हमने कोई महत्व नहीं दिया।

417. They looked straight into our eyes.
उन्होंने सीधे हमारी आँखों में देखा।

418. He repeated to himself.
उसने ख़ुद में दोहराया।

419. That method worked well.
यह तरीक़ा सही काम किया।

420. He recalled for a moment.
उसने एक पल को याद किया।

421. It came to the surface.
यह सतह पर आ गया।

422. The unraveling began.
गुत्थी खुलने लगी।

423. A new whole adventure began.
एक नया रोमांच शुरू हुआ।

424. I assured them.
मैंने उन्हें आश्वासन दिया।

425. I knew no one there.
वहाँ मैं किसी को नहीं जानता था।

426. No one bothered to tell me the truth.
किसी ने मुझे सच बताने की ज़रूरत नहीं समझी।

427. I immediately took responsibility of my parents.
मैंने तुरंत अपने माता–पिता की जिम्मेदारी ली।

428. I did continuous reading.
मैंने लगातार पढ़ाई की।

429. I kept putting it off.
मैं इसे टालता रहा।

430. Several such situations came up in my life.
ऐसे कई हालात मेरे जीवन में आए।

431. I began to have compassion for everyone.
मुझे सबके प्रति करुणा होने लगी।

432. His disease got healed.
उसकी बीमारी ठीक हो गयी।

433. He began to piece together.
वह टुकड़ों को मिलाने या जोड़ने लगा।

434. I took a morning flight.
मैंने सुबह की फ्लाइट ली।

435. The first time I heard it.
मैंने पहली बार सुना।

436. His behaviour made me angry.
उसके बर्ताव से मुझे गुस्सा आ गया।

437. I spoiled his day.
मैंने उसका दिन ख़राब कर दिया।

438. He came to me so excited.
वह इतना उत्साहित होकर मेरे पास आया था।

439. He kept mumbling.
वह बुदबुदाता रहा।

440. My impatience ruined a good friendship.
मेरी अधीरता ने एक अच्छी दोस्ती का सत्यानाश कर दिया।

441. It caused me a lot of trouble.
इससे मुझे बहुत परेशानी हुई।

442. Our doubt turned into conviction.
हमारा शक यक़ीन में बदल गया।

443. He turned towards me.
वह मेरी तरफ पलटा।

444. I held on to it.
मैं उस पर क़ायम रहा।

445. He crossed all limitations.
उसने सारी सीमाएँ पार कर दी।

446. They did all that stuff to me.
उन्होंने वो सब मेरे साथ किया।

447. Something happened in the past.
अतीत में कुछ हुआ।

448. I stole something once in my childhood.
मैंने मेरे बचपन में एक बार कुछ चुराया।

449. He indulged himself in good activities.
उसने ख़ुद को अच्छे कार्यों में लगा लिया।

450. They did this over and over.
उन्होंने यह बार–बार किया।

451. I set him free.
मैंने उसे मुक्त कर दिया।

452. She relied on me always.
वह हमेशा मुझ पर भरोसा करती थी।

453. I held his trembling hands.
मैंने उसके काँपते हाथों को थामा।

454. He took my hand in his (hand).
उसने मेरा हाथ अपने हाथ में लिया।

455. I comforted those frightened children.
मैंने उन भयभीत बच्चों को सांत्वना दी या शांत किया।

456. She always remained grumpy.
वह हमेशा क्रोधी बनी रही।

457. An old castle stood in the middle of a forest.
जंगल के बीचोंबीच एक पुराना किला खड़ा था या स्थित था।

458. He became quite fixed.
वह काफी स्थिर हो गया।

459. He flicked some sand off his pant.
उसने अपनी पैंट से कुछ रेत झाड़ा।

460. He sat by her side.
वह उसके बाजू में बैठ गया।

461. They stopped to see.
वे देखने के लिए रूके।

462. They found themselves at a loss.
उन्होंने ख़ुद को बेबस पाया।

463. He looked behind him.
उसने अपने पीछे देखा।

464. He turned pale in fear.
वह डर से पीला पड़ गया।

465. The gloomy night came.
उदास रात आयी।

466. The owl flew into a bush.
उल्लू उड़कर झाड़ी में चला गया।

467. She came forth.
वह आगे आयी।

468. She sang with a hoarse voice.
उसने कर्कश आवाज़ में गाया।

469. She mumbled something to herself.
वह ख़ुद में कुछ बुदबुदायी।

470. He fell on his knees.
वह उसके घुटनों पर गिर पड़ा।

471. He sorrowed.
वह दुःखी हुआ।

472. The dog twirled around the garden.
कुत्ता बगीचे के चारों ओर घूमा।

473. The dream sure meant something.
सपने का निश्चित रूप से कुछ मतलब था।

474. He touched the door with the flower.
उसने दरवाज़े को फूल से छुआ।

475. The door sprang open.
दरवाज़ा खुल गया।

476. He kept moving.
वह चलता रहा।

477. She screamed with rage.
वह गुस्से से चीखा।

478. She ran to attack him.
वह उस पर वार करने को दौड़ी।?

479. He ran after her.
वह उसके पीछे दौड़ा।

480. She turned into a nightingale.
वह एक बुलबुल में बदल गयी।

481. The weather disrupted our travel plans.
मौसम ने हमारी यात्रा की योजना को चौपट कर दिया।

482. The barking dogs disrupted my sleep.
भूंकते हुए कुत्तों ने मेरी नींद ख़राब कर दी।

483. He scratched his flabby belly.
उसने अपने मोटे पेट को खुजाया।

484. He remained silent for a few moments.
वो कुछ पलों के लिए चुप रहा।

485. I got late for the class.
मैं कक्षा के लिए लेट हो गया।

486. I reached on time.
मैं समय पर पहुँच गया।

487. I got there finally.
मैं आख़िर वहाँ पहुँच गया।

488. He stopped his cycle.
उसने अपनी साइकिल रोकी।

489. His words pinched me.
उसके शब्द मुझे चुभ गए।

490. He put the cycle on stand and went into the shop.
उसने साइकिल को स्टैंड पर लगाया और दुकान में चला गया।

491. I got to understand after a short while.
मुझे कुछ वक़्त बाद समझ आया।

492. He splashed water on his face.
उसने अपने चेहरे पर पानी छींटा।

493. The water sloshed a little.
पानी थोड़ा छलका।

494. I satiated her hunger.
मैंने उसकी भूख मिटायी।

495. The film started at 7.
फिल्म सात बजे शुरू हुई।

496. He gave him a hand.
उसने हाथ लगाया या हाथ बढ़ाया (मदद के लिए)।

497. She waited in the car.
उसने कार में इंतजार किया।

498. They needed my help.
उन्हें मेरी मदद की जरूरत पड़ी।

499. He put it on the kitchen table.
उसने इसे रसोई की मेज़ पर रखा।

500. Some stranger answered the door.
किसी अजनबी ने दरवाज़ा खोला।

501. He regained his composure.
उसने अपने–आप को वापस संभाला।

502. Her eyes widened.
उसकी आँखें चौड़ी हो गयीं।

503. That looked immaculately kept.
वह साफसुथरे ढंग से रखा हुआ दिखता था।

504. They greeted us warmly.
उन्होंने हमारा गर्मजोशी से अभिवादन किया।

505. He read it for hours.
उसने इसे घंटों पढ़ा।

506. He spun around.
वह चारों ओर घूम गया।

507. He pulled off his sunglasses.
उसने अपने धूप के चश्में निकाल लिये।

508. He pulled a ten-rupee note from his back pocket.
उसने अपनी पिछली जेब से एक दस रूपये का नोट निकाला।

509. The boy fell in water.
बच्चा पानी में गिर गया।

510. She picked the money bag.
उसने पैसे के थैले को उठा लिया।

511. She went inside.
वह अंदर चली गयी।

512. I came but you were out.
मैं आया था पर तुम बाहर थे।

513. He crouched down on the threshold.
वह दहलीज पर सिकुड़ कर बैठ गया।

514. He walked away whistling.
वह सीटी बजाते हुए चला गया।

515. His cane skinned people's hands.
उसकी बेंत लोगों के हाथों की चमड़ी उखाड़ देती थी।

516. He felt the bulge of coins in his pocket.
उसको अपनी जेब में सिक्कों का भार या वज़न महसूस हुआ।

517. He held his hands pressed against stomach.
उसने अपने हाथों से अपने पेट को दबाये रखा।

518. You told me to come on Monday.
आपने मुझे सोमवार को आने को कहा था।

519. He stuck his spade into the ground.
उसने ज़मीन में कुदाल गाड़ दी।

520. He sat down on the ground.
वह नीचे ज़मीन पर बैठ गया।

521. He dressed up and went.
उसने कपड़े पहने और चला गया।

522. He whacked three wholesome cuts on each palm.
उसने दोनों हथेली पर ज़ोर से प्रहार कर तीन जगह काट डाला।

523. He tore it up and thrust in the bin.
उसने इसे फाड़ डाला और गुस्से में कूड़ेदान में फेंक दिया।

524. All the facts suddenly came together in my head.
सारी सच्चाई अचानक से एक साथ मेरे दिमाग में आ गयीं।

525. The girls turned to go out.
लड़कियाँ जाने को पलटीं।

CHAPTER – 4

HAPPENING NOW

1. Something is going wrong somewhere.
   कहीं कुछ ग़लत हो रहा हैं।
2. She is feeling hot.
   उसे गरमी लग रही है।
3. He is breathing heavily.
   वह ज़ोर से साँसें ले रहा है।
4. I'm taking a deep breath.
   मैं गहरी साँस ले रहा हूँ।
5. The child is toddling.
   बच्चा लड़खड़ा रहा है।
6. You're sounding low.
   तुम्हारी आवाज़ बुझी लग रही है।
7. My nose is running.
   मेरी नाक बह रही है।
8. She is coughing.
   वह खाँस रही है।
9. The baby is sneezing.
   बच्ची छींक रही है।
10. It is getting beautiful.
    यह सुंदर हो रहा है।
11. He is spilling water.
    वह पानी बिखेर रहा है।
12. The child is descending down the stairs.
    बच्चा सीढ़ी से उतर रहा है।
13. It's drizzling.
    रिमझिम बारिश हो रही है।
14. He is carrying a pot on his head.
    वह अपने सिर पर घड़ा ढो रहा है।
15. The tea is getting cold.
    चाय ठंडी हो रही है।
16. It's thundering.
    ठनका ठनक रहा है।
17. The face is beaming with joy.
    चेहरा ख़ुशी से चमक रहा है।
18. He is denying it.
    वह इससे इंकार कर रहा है।
19. People are coming and going.
    लोग आ–जा रहे हैं।
20. She is sitting over there.
    वह वहाँ बैठी है।
21. A man is standing downstairs.
    एक आदमी नीचे खड़ा है।
22. He is carrying a gun also.
    वह एक बंदूक भी रखे हुए है।
23. I'm regretting.
    मैं पछता रहा हूँ।

24. He's snatching chocolate from his sister.
वह अपनी बहन से चॉकलेट छीन रहा है।

25. Situation is going out of control.
हालात नियंत्रण से बाहर जा रहे हैं।

26. Stomach is aching.
पेट दर्द कर रहा है।

27. She is putting sindoor (vermilion) in her parting.
वह अपनी माँग में सिंदूर लगा रही है।

28. He is realizing his mistake.
उसे अपनी ग़लती का एहसास हो रहा है।

29. You're crossing your limits.
तुम अपनी सीमा पार कर रहे हो।

30. They're crossing the bridge.
वे पुल पार कर रहे हैं।

31. My chest is widening out of pride.
मेरा सीना गर्व से चौड़ा हो रहा है।

32. The bride is sobbing.
दुल्हन सिसक रही है।

33. My husband is snoring.
मेरे पति खर्राटे ले रहे हैं।

34. I'm running an institute.
मैं एक संस्थान चला रही हूँ।

35. The fan is running.
पंखा चल रहा है।

36. Buses are running on the road.
बसें सड़क पर दौड़ या चल़ रही हैं।

37. Trains are running on the tracks.
ट्रेनें पटरियों पर दौड़ रही हैं।

38. He is running away.
वह भाग रहा है।

39. The children are getting bored.
बच्चे बोर हो रहे हैं।

40. Sunrays are falling on his face.
सूरज की किरणें उसके चेहरे पर पड़ रही है।

41. My clothes are getting old/ worn out.
मेरे कपड़े पुराने या ख़राब हो रहे हैं।

42. My clothes are getting torn/ tearing away.
मेरे कपड़े फट ऱहे हैं।

43. Something is happening inside.
भीतर कुछ हो रहा है।

44. Courage is breaking/losing.
हिम्मत टूट रही है।

45. I'm gaining the courage.
मुझे हिम्मत मिल रही है।

46. He is humiliating his wife.
वह अपनी पत्नी को नीचा दिखा रहा है।

47. He is appreciating his wife.
वह अपनी पत्नी की सराहना कर रहा है।

48. It's feeling bad.
बुरा लग रहा है।

49. It's feeling good.
अच्छा लग रहा है।

50. Some nice smell is coming from the kitchen.
रसोई से कुछ अच्छी ख़ुशबू आ रही है।

51. The aroma is tempting me.
सुगंध मुझे ललचा रही है।

52. My hunger is increasing.
मेरी भूख बढ़ रही है।

53. The aroma of the cuisine is intensifying my hunger.
व्यंजन की ख़ुशबू मेरी भूख को बढ़ा रही है।

54. He is having lots of fun.
वह खूब मजे कर रहा है।

55. The water is flowing.
पानी बह रहा है।

56. The water is going waste.
पानी व्यर्थ जा रहा है।

57. The face is glowing.
चेहरा चमक रहा है।

58. Wind is blowing.
हवा बह रही है।

59. Thorns are pricking.
काँटे चुभ रहे हैं।

60. He is patting his brother's back.
वह अपने भाई की पीठ थपथपा रहा है।

61. The children are longing for toys.
बच्चे खिलौनों के लिए तरस रहे हैं।

62. I'm living freely.
मैं मुक्त होकर जी रहा हूँ।

63. He is whimpering.
वह पिनपिना रहा है।

64. She is putting on make-up.
वह मेकअप लगा रही है।

65. I'm putting bindi on my forehead.
मैं अपने माथे पर बिंदी लगा रही हूँ।

66. That young man is hunting for a job.
वह युवक नौकरी की तलाश में मारा–मारा फिर रहा है।

67. He's carrying his certificate along.
वह साथ में अपने सर्टिफिकेट ला रहा है।

68. Gossips are going on.
गपशप चल रही है।

69. They are sitting beside fire.
वे लोग आग के पास बैठे हैं।

70. He is gaping at the ceiling.
वह सीलिंग पर मुँह बाए देख रहा है।

71. I'm bending my head for prayer.
मैं प्रार्थना के लिए सिर झुका रहा हूँ।

72. (I'm) feeling sleepy.
नीदं आ रही है।

73. I'm turning sides.
मैं करवटें बदल रहा हूँ।

74. Mustards are spluttering.
सरसों चटक रहे हैं।

75. Mummy is counting beads.
माँ माला जप रही हैं।

76. My head is reeling.
मेरा सिर घूम या चकरा रहा है।

77. He is losing his temper.
वह अपना आपा खो रहा है।

78. He is panting.
वह हांफ रहा है।

79. The train is getting delayed.
ट्रेन लेट हो रही है।

80. He is sniffing.
वह सूंघ रहा है या नाक से साँस खींच रहा है।

81. You are hiding something.
तुम कुछ छिपा रहे हो।

82. The servants are tidying the kitchen.
नौकर रसोई की सफाई कर रहे हैं।

83. He is wiping off his sweat.
वह अपना पसीना पोंछ रहा है।

84. The boatman is rowing us in boat.
नाविक हमें नाव की सैर करा रहा है।

85. She is becoming more sensible.
वह पहले से ज़्यादा समझदार हो रही है।

86. I'm whizzing.
मैं घर्र–घर्र करके साँसें ले रहा हूँ।

87. They're defying the law.
वे क़ानून का उल्लंघन कर रहे हैं।

88. My son is procrastinating again.
मेरा बेटा फिर से टालमटोल कर रहा है।

89. She is exulting to see her son after a long time.
वह बहुत वक़्त बाद अपने बेटे को देख फूले नहीं समा रही है।

90. The key ring is dangling at the door.
चाबी का छल्ला दरवाज़े पर लटक रहा है।

91. He is stammering.
वह हकला रहा है।

92. The sound is blaring.
ज़ोरों की आवाज़ हो रही है।

93. He is going stronger than ever.
वह पहले से ज़्यादा मज़बूत हो रहा है।

94. I'm just leaving for office.
मैं दफ्तर के लिए बस निकल ही रहा हूँ।

95. We're leaving after finishing our meal.
हम अपना भोजन समाप्त करके निकल रहे हैं।

96. He's reaching in ten minutes.
वह दस मिनट में पहुँच रहा है।

97. I'm flying to Bengaluru.
मैं विमान से बेंगलुरू जा रहा हूँ।

98. I'm dropping the kids to school.
मैं बच्चों को विद्यालय छोड़ रहा हूँ।

99. We're making potato fritters today.
हम आज आलू के पकौड़े बना रहे हैं।?

100. We're planning to buy a new house.
हम लोग एक नया घर ख़रीदने की योजना बना रहे हैं।

101. The boss is throwing a party on achieving targets.
बॉस लक्ष्य या टार्गेट पूरा करने पर पार्टी दे रहे हैं।

102. Your favourite song is playing/ coming on the radio.
तुम्हारा प्रिय गाना रेडियो पर बज रहा है।

103. Time is running out.
समय भाग रहा या बीता जा रहा या ख़त्म हो रहा है।

104. The tank is overflowing.
टंकी का पानी बह रहा है।

105. My right eye is twitching.
मेरी दायीं आँख फड़क रही है।

106. I'm skipping this chapter.
मैं इस अध्याय को छोड़ रहा हूँ।

107. They're standing in a queue.
वे लोग कतार में खड़े हैं।

108. I'm having problems with my mobile today.
मेरा मोबाइल आज मुझे दिक़्कत दे रहा है।

109. I'm making the payment.
मैं पेमेंट या भुगतान कर रहा हूँ।

110. Your hair is turning White.
तुम्हारे बाल सफेद हो रहे हैं।

111. The child is crawling on the floor.
बच्चा फर्श पर रेंग रहा हूँ।

112. Clothes are drying.
कपड़े सूख रहे हैं।

113. I'm getting sugar from the market.
मैं बाज़ार से चीनी ला रहा हूँ।

114. You're not doing any favour to me.
आप मुझे कोई सहयोग नहीं कर रहे हैं।

115. You're not chewing your food properly.
आप अपना भोजन सही से नहीं चबा रहे हो।

116. I'm not doubting his capabilities.
मैं उसकी क़ाबिलियत पर शक नही ं कर रहा हूँ।

117. I'm not carrying the umbrella.
मैं छाता नहीं लेकर चल रहा हूँ।

118. The call is not connecting to you or your call is not connecting.
आपको कॉल नहीं लग रहा है।

119. She is not mugging up.
वह याद नहीं कर रही है।

120. You are kidding (with) me.
तुम मुझसे मज़ाक कर रहे हो।

121. Your condition is worsening.
आपकी हालत बद्तर हो रही है।

122. Your cuisine is getting popular.
आपका व्यंजन लोकप्रिय हो रहा है।

123. He is clearing his throat.
वह अपना गला साफ कर रहा है।

124. Mosquitoes are biting.
मच्छर काट रहे हैं।

125. He is groping something in the dark.
वह अंधेरे में कुछ टटोल रहा है।

126. That man is taking his last breath.
वह आदमी अपनी अंतिम साँस ले रहा है।

127. Funeral is taking place there.
वहाँ अंतिम संस्कार हो रहा है।

128. The food is perishing.
खाना ख़राब हो रहा है।

129. They are cultivating a new habit.
वे एक नयी आदत विकसित कर रहे हैं।

130. Mind is getting nervous.
मन परेशान हो रहा है।

131. I'm perceiving.
मैं समझ पा रहा हूँ।

132. The water is seeping.
पानी रिस रहा है।

133. WhatsApp is draining my energy.
व्हाट्सअप मेरी ऊर्जा को ख़त्म कर रहा है।

134. They're exaggerating the truth.
वे सच को बढ़ाचढ़ाकर बता रहे हैं।

135. She is pacing up and down.
वह ऊपर–नीचे आ–जा रही है।

136. They're misleading us.
वे हमें गलत रास्ता दिखा रहे हैं।

137. Dal is burning.
दाल जल रही है।

138. The world is changing.
दुनिया बदल रही है।

139. She is conceiving.
वह गर्भधारण कर रही है।

140. She is envying me.
वह मुझसे जल रही है।

141. She is feeling jealous of me.
उसे मुझसे जलन हो रही है।

142. That man is lisping.
वह आदमी तुतला रहा है।

143. Sita is trembling with fear.
सीता डर से काँप रही है।

144. The beggar is shivering from cold.
भिखारी ठंड से काँप रहा है।

145. Birds are chirping.
पक्षी चहचहा रहे हैं।

146. Bees are humming.
मधुमक्खी भनभना रही है।

147. Bumblebees are buzzing.
भँवरे गुनगुना रहे हैं।

148. The bedbug is biting.
खटमल काट रहा है।

149. They are fleeing away.
वे भाग रहे हैं।

150. The sound is deafening me.
आवाज़ मुझे बहरा कर रही है।

151. I'm kneading the flour.
मैं आटा गूँध रहा हूँ।

152. He is kneading my head.
वह मेरे सिर की मालिश कर रहा है।

153. The music is soothing me.
संगीत मुझे राहत या सुकून दे रहा है।

154. He is hesitating.
वह हिचकिचा रहा है।

155. The bride is blushing.
दुल्हन लजा रही है।

156. You're stinking.
तुमसे बदबू आ रही है।

157. He is stroking my hair.
वह मेरे बालों में हाथ फेर रहा है।

158. I'm starting to feel.
मैं महसूस करने लगी हूँ।

159. I'm feeling uneasy.
मैं असहज महसूस कर रहा हूँ।

160. They are standing on the sidewalk.
वे लोग फुटपाथ पर खड़े हैं।

161. She is muttering something to herself.
वह ख़ुद में कुछ भुनभुना रही है।

162. Her face is gleaming.
उसका चेहरा चमक रहा है।

163. She is toying with her hair.
वह अपने बालों से खेल रही है।

164. He's waving good bye to you.
वह तुमको बाय कर रहा है।

165. She is waving to welcome us.
वह हमारा हाथ हिलाते हुए स्वागत कर रही है।

166. That man is assuring me of safety and security.
वह आदमी मुझे सुरक्षा का आश्वासन दे रहा है।

167. She is gripping her mobile tightly.
वह अपने मोबाइल को कस कर पकड़ी हुई है।

168. It's slipping from her hand.
यह उसके हाथ से फिसल रहा है।

169. This stairway is leading up to the cabin.
वह सीढ़ी वाला रास्ता केबिन तक जा रहा है।

170. She is sipping her coffee.
वह अपनी कॉफी पी रही है।

171. I'm feeling content.
मैं संतुष्ट महसूस कर रहा हूँ।

172. He's flying with us today.
वह आज हमारे साथ विमान यात्रा कर रहा है।

173. She is snapping some selfies.
वह फटाफट कुछ सेल्फी ले रही है।

174. He is sticking out his tongue.
वह अपनी जीभ बाहर निकाल रहा है।

175. Roses are lining the streets.
गलियों के किनारे गुलाब से सजे हैं।

176. The baby is shrieking.
बच्चा चीख़ रहा है।

177. People are looking cheerful.
लोग ख़ुश नज़र आ रहे हैं।

178. She is looking away.
वह दूर देख रही है या कहीं और देख रही है।

179. The road is teeming with Hibiscus and roses.
सड़क गुड़हल और गुलाबों से भरा है।

180. The sun is beginning to set.
सूरज डूबने लगा है।

181. I'm installing a new habit.
मैं एक नयी आदत विकसित कर रहा हूँ।

182. She's getting up with the sun.
वह सूरज के साथ जग रही है।

183. The car is slowing down.
कार धीरे हो रही है।

184. Waves are colliding with the shore.
तरंगें किनारे से टकरा रही हैं।

185. Butterflies are still flying.
तितलियाँ अभी भी उड़ रही हैं।

186. The gate is opening slowly.
फाटक धीरे–धीरे खुल रहा है।

187. They are hopping along a stone path.
वे एक पथरीले रास्ते पर कूदते हुए चल रहे हैं।

188. The bike is leaning against the wall.
बाइक दीवार के सहारे टिकी है।

189. She is picking up her pace.
वह अपनी चाल पकड़ रही है।

190. She's hustling down the wooden stairs.
वह लकड़ी की सीढ़ियों से धड़धड़ाती हुई नीचे उतर रही है।

191. He's just hanging out by the water.
वह पानी के पास समय बिता रहा है या बैठा है।

192. I'm speeding up to stay close to you.
मैं आपके नज़दीक आने के लिए अपनी गति बढ़ा रहा हूँ या जल्दी–जल्दी चल रहा हूँ।

193. He's breathing hard.
वह मुश्किल से साँस ले रहा है।

194. The girl's echoing passionately.
लड़की जोश से गूँज रही है।

195. Someone is tapping my shoulder.
कोई मेरा कंधा थपथपा रहा है।

196. My garden is teeming with roses.
मेरा बगीचा गुलाबों से भरा है।

197. She is absorbing every word.
वह हर शब्द को ग्रहण कर रही है।

198. He is sniffing the petal.
वह पंखुड़ी को सूंघ रहा है।

199. The kite is twirling in the wind.
पतंग हवा में घूम रही है।

200. A cage is hanging in my balcony.
मेरी बालकनी में एक पिंज़रा लटक रहा है।

201. She is going her way.
वह अपने रास्ते जा रही है।

202. He is walking nearer.
वह और नज़दीक आ रहा या टहल रहा है।

203. She is thinking what to do next.
वह सोच रही है आगे क्या किया जाये।

204. She is staying away from everyone.
वह सबसे अलग या दूर रह रही है।

205. I'm going to get some sugar.
मैं थोड़ी चीनी लाने जा रहा हूँ।

206. I'm looking for my lost jeans.
मैं अपनी खोयी हुई जींस को ढूंढ रहा हूँ।

207. She is holding it.
वह इसे पकड़े हुई है।

208. The puppy is licking my hand.
पिल्ला मेरा हाथ चाट रहा है।

209. He is yelling at me unnecessarily.
वह बेवजह मुझ पर चिल्ला रहा है।

210. She is wandering from village to village.
वह गाँव–गाँव भटक रही है।

211. She is growing vegetables.
वह सब्ज़ियाँ उगा रही है।

212. You're planning to sell this house.
आप इस घर को बेचने की योजना बना रहे हैं।

213. I'm expecting five hundred rupees.
मैं पाँच सौ रूपये की उम्मीद कर रही हूँ।

214. I'm fulfilling my dream every day.
मैं हर दिन अपने सपने पूरे कर रही हूँ।

215. My hard work is paying off.
मेरी कड़ी मेहनत रंग ला रही है।

216. My mother is making pickles.
मेरी माँ अचार बना रही है।

217. Time is travelling fast.
समय तेज़ी से भाग रहा है।

218. I'm naming him Avichal.
मैं उसका नाम अविचल रख रही हूँ।

219. She is crying unconsolably.
वह बेइंतहा रोए जा रही है।

220. They're dying out of hunger.
वे लोग भूख से मर रहे हैं।

221. She's packing them in a big bottle.
वह उन सबको एक बड़ी बोतल में पैक कर रही है।

222. She's taking fruits to market.
वह फलों को बाज़ार ले जा रही है।

223. She's screeching her voice to sell pickles.
वह अचार बेचने के लिए ज़ोर से चिल्ला रही है।

224. I'm earning more than I need.
मैं मेरी आवश्यकता से ज़्यादा कमा रहा हूँ।

225. Their lives are bettering/getting better.
उनका जीवन बेहतर हो रहा है।

226. My business is blooming/flourishing.
मेरा व्यवसाय फल–फूल रहा है।

227. You're getting too thin.
तुम बहुत पतले हो रहे हो।

228. She is returning happily.
वह ख़ुशी–ख़ुशी लौट रही है।

229. She is counting money.
वह पैसे गिन रही है।

230. The container is getting full.
डब्बा या कनस्तर भर रहा है।

231. She's going empty-handed.
वह ख़ाली हाथ जा रही है।

232. I'm getting good money.
मुझे अच्छे पैसे मिल रहे हैं।

233. They are serving us dessert.
वे हमें मीठा परोस रहे हैं।

234. The milkman is mixing water into milk.
ग्वाला दूध में पानी मिला रहा है।

235. She's selling us adulterated ghee.
वह हमें मिलावटी घी बेच रही है।

236. She's walking thinking about it.
वह इस बारे में सोचते हुए चल रही है।

237. He's doing it without any worries.
वह यह बिना किसी चिंता के कर रहा है।

238. I'm sitting on a river bank.
मैं एक नदी के किनारे बैठा हूँ।

239. She's falsely earning money.
वह ग़लत तरीके से पैसे कमा रही है।

240. The cat is chasing the rat.
बिल्ली चूहे का पीछा कर रही है।

241. This is what is happening now.
यही तो हो रहा है अब।

242. I'm getting stuck.
मैं अटक रहा हूँ।

243. It's getting stuck.
यह अटक रहा है या यह चिपक रहा है।

244. It's not sticking properly.
यह सही से चिपक नहीं रहा है।

245. Sound is going through this wire.
आवाज़ इस तार से होकर आ रही है।

246. The grief is vanishing gradually.
दुःख धीरे–धीरे ख़त्म या ग़ायब हो रहा है।

247. It's working.
यह काम कर रहा है।

248. He is standing in front of me.
वह मेरे सामने खड़ा है।

249. They're lounging in bed.
वे बिस्तर में पड़े हैं।

250. My brother is lying on the couch.
मेरा भाई सोफे पर लेटा है।

251. My sister is musing something.
मेरी बहन किसी सोच में पड़ी है।

252. The manager is instructing the peon to get the paper.
मैनेजर चपरासी को कागज लाने का निर्देश दे रहा है।

253. I'm falling down.
मैं नीचे गिर रहा हूँ।

254. Leaves are shaking.
पत्ते हिल रहे हैं।

255. Everybody is getting me wrong.
हर कोई मुझे ग़लत समझ रहा है।

256. He is beating him with a baton/stalk.
वह उसे डंडे से पीट रहा है।

257. That little girl is handling everything.
वह छोटी बच्ची सब संभाल रही है।

258. Your saree is hanging on the line.
तुम्हारी साड़ी तार पर लटक रही है।

259. He is breathing with difficulty.
उसे साँस लेने में मुश्किल हो रही है।

260. She is compelling me to do it.
वह मुझे यह करने को मज़बूर कर रही है।

261. I'm sitting cross-legged on the floor.
मैं फ़र्श पर पालथी मारकर बैठी हूँ।

262. This shirt is shrinking.
यह शर्ट सिकुड़ रही है।

263. It's sapping my energy.
यह मेरी ऊर्जा ख़त्म कर रहा है।

264. He's crouching on his legs.
वह दुबक कर बैठा है।

265. He's moaning feebly.
वह मंद–मंद विलाप कर रहा है।

266. I'm dressing his wound.
मैं उसके घाव की पट्टी कर रही हूँ।

267. She's screaming with joy.
वह खुशी से चीख़ रही है।

268. A book is tucking beneath his arm.
उसके बाजू के अंदर एक किताब दबी है।

269. It's flashing on the screen.
यह स्क्रीन पर दिख रहा है।

270. The lady is wailing.
महिला विलाप कर रही है।

271. My dad is twisting my ears.
मेरे पिता मेरे कानों को उमेठ रहे हैं।

272. He is caning his daughter.
वह अपनी बेटी को बेंत से मार रहा है।

273. They're handing him over to the police.
वे लोग उसे पुलिस के हवाले कर रहे हैं।

274. He's cracking jokes.
वह चुटकुले सुना रहा है।

275. He's perjuring himself.
वह ख़ुद से झूठ बोल रहा है।

276. His son is shuddering.
उसका बेटा काँप रहा है।

277. It's filling me with sorrow.
यह मुझे दुःख से भर रहा है।

278. The postman is flinging the letter into the gutter.
डाकिया चिट्ठी को नाले में फेंक रहा है।

279. My turn is coming within minutes.
मेरी बारी मिनटों में आ रही है।

280. Shyam is provoking his teacher.
श्याम अपने शिक्षक को गुस्सा दिला या भड़का रहा है।

281. The clock is striking four.
घड़ी चार बजा रही है।

282. I'm scowling at that student.
मैं उस विद्यार्थी को त्योरी चढ़ाकर या गुस्से से देख रहा हूँ।

283. He's snubbing me.
वह मुझे झिड़क रहा है या वह मुझे अनदेखा कर रहा है।

284. The boy is blenching.
लड़का डर से पीला पड़ रहा है या सहसा चौंक रहा है।

285. His hands are smarting.
उसके हाथ दर्द से टीस मार रहे हैं।

286. My sister is throttling me.
मेरी बहन मेरा गला दबा रही है।

287. She is beckoning me.
वह मुझे इशारे कर रही है।

288. I'm sitting beside my mother.
मैं अपनी माँ के बगल में बैठी हूँ।

289. I'm managing my expenses well enough.
मैं अपने ख़र्चे अच्छी तरह निकाल रहा हूँ।

290. She's overloading her stomach.
वह अपने पेट को ज़रूरत से ज्यादा भर रही है।

291. My mouth is watering.
मेरे मुँह में पानी आ रहा है।

292. She is retorting her classmate.
वह अपनी सहपाठी को मुँहतोड़ जवाब दे रही है।

293. I'm enjoying this moment thoroughly.
मैं अपने इस पल का पूरी तरह मजा ले रहा हूँ।

294. That man is keeping an eye on me.
वह आदमी मुझ पर नज़र रख रहा है।

295. I'm taking you to be around twenty.
मैं तुमको लगभग बीस का समझ रहा हूँ।

296. He's rolling the chewing gum round his mouth.
वह अपने मुँह में च्यूंगम पूरा घूमा रहा है।

297. I'm just picking out two or three things.
मैं केवल दो या तीन चीज़ें उठा रहा हूँ या छाँट रहा हूँ।

298. His face is turning red.
उसका चेहरा लाल हो रहा है।

299. She is looking very frightened.
वह काफी डरी हुई दिख रही है।

300. His voice is shaking.
उसकी आवाज़ काँप रही है।

301. She is picking up a piece of paper.
वह कागज़ का एक टुकड़ा उठा रही है।

302. He's dropping it on the floor.
वह इसे फर्श पर गिरा रहा है।

303. Something is upsetting her.
उसे कुछ परेशान कर रहा है।

304. The cup is brimming with coffee.
कप कॉफी से लबालब भरी है।

305. I'm screaming your name.
मैं तुम्हारा नाम चीख़कर पुकार रहा या चिल्ला रहा हूँ।

306. They're emptying the land.
वे ज़मीन ख़ाली कर रहे हैं।

307. She is getting us food.
वह हमारे लिए भोजन ला रही है।

308. Her face is dropping off.
उसका चेहरा बुझ रहा है।

309. He's guarding this farm.
वह इस खेत की रखवाली कर रहा है।

310. She's running to save her life.
वह अपना जीवन बचाने के लिए दौड़ रही है।

311. Rumors are spreading.
अफवाही फैल रहें हैं।

312. He is spreading the rumor of ghost.
वह भूत की अफवाह फैला रहा है।

313. My head is paining.
मेरा सिर दर्द कर रहा है।

314. She's squeaking like a bird.
वह पक्षी की तरह चहक रही है।

315. She is trudging.
वह पैर घसीट कर चल रही है।

316. She is treading on my toe again and again.
वह बार–बार मेरे अंगूठे पर अपना पैर रख दे रही है।

317. My brother is stamping his legs on the floor.
मेरा भाई फर्श पर अपने पाँव पटक रहा है।

318. You're fretting unnecessarily.
तुम बेवजह खीज रहे हो।

319. She's sulking a lot today.
वह आज ज़्यादा ही रूठ रही है।

320. You're sprawling clumsily.
तुम भद्दे ढंग से पसरे हुए हो।

321. Her daughter is whimpering.
उसकी बेटी पिनपिना रही है।

322. They're sucking my blood.
वे मेरा खून चूस रहे हैं।

323. I'm swearing.
मैं क़सम खा रहा हूँ या मैं गाली निकाल रहा हूँ।

324. The husband is holding his wife's hands.
पति अपनी पत्नी के हाथों को पकड़े हुए है।

325. She is peeling the skin off.
वह छिलके निकाल रही है।

326. He's tearing up all the letters.
वह सारे पत्रों को फाड़ रहा है।

327. I'm waiting for you in the office even now.
मैं अभी भी ऑफिस में तुम्हारा इंतज़ार कर रही हूँ।

328. Someone is running high fever.
किसी को तेज़ बुख़ार हो रहा है।

329. My nose is tickling.
मेरी नाक में गुदगुदी हो रही है।

330. The film is thrilling audience all over the world.
फिल्म सारी दुनिया में दर्शकों को रोमांचित कर रही है।

331. My heart is thumping.
मेरा दिल ज़ोंरो से धड़क रहा है।

332. My head is pounding.
मेरे सिर पर प्रहार हो रहा है या मेरा सिर धम–धम कर रहा है।

333. The dog is twirling around the garden.
कुत्ता बगीचे में घूम रहा है।

334. This is all helping me to trust life again.
यह सब मुझे जीवन में दुबारा विश्वास करने में मदद कर रहा है।

335. Something special is going to show up today.
आज कुछ ख़ास होने जा रहा है।

336. I'm loving all the information.
मुझे सारी जानकारी बहुत पसंद आ रही है।

337. I'm getting so much from you.
मुझे तुमसे बहुत कुछ मिल रहा है।

338. Her eyes are sparkling.
उसकी आँखें चमक रही हैं।

339. Her hair is waving playfully in the wind.
उसके बाल हवा में खेल रहे या लहरा रहे हैं।

340. The turtle is ambling along the shoreline.
कछुआ मंथर गति से तटरेखा पर चल रहा है

341. The road is looking deserted.
सड़क सुनसान दिख रही है।

342. He's munching a chunk of watermelon.
वह तरबूज़ के टुकड़े चबा रहा है।

343. It's making me believe more in myself again.
यह मुझे ख़ुद में दुबारा विश्वास जगा रहा है।

344. He's opening up to me.
वह मुझसे खुल रहा है।

345. The man is crashing our picnic.
आदमी हमारी पिकनिक बिगाड़ रहा है।

346. The doctor is swapping stories with his patient.
डॉक्टर मरीज़ एक–दूसरे को कहानियाँ सुना रहे हैं।

347. Roses are blooming outside our windows today.
हमारी खिड़की के बाहर आज गुलाब खिल रहे हैं।

348. She's beginning to experience something new.
वह कुछ नया अनुभव करने लगी है।

349. I'm taking you my home.
मैं तुम्हें अपने घर ले जा रहा हूँ।

350. My morning exercise is working.
मेरी सुबह की कसरत काम कर रही है।

351. I'm punching a fist into a hand again.
मैं फिर से अपने हाथ में मुट्ठी से मार रहा हूँ।

352. They're giggling in the drawing room.
वे ड्रॉइंग–रूम में ही–ही कर रहे हैं।

353. He's smiling broadly.
वह खुलकर मुस्करा रहा है।

354. I'm wearing a turban.
मैं पगड़ी पहन रहा हूँ।

355. He is running with fright.
वह डर से भाग रहा है।

356. We're walking by the forest.
हम जंगल से होकर गुजर रहे हैं।

357. You're just trying to frighten us.
तुम बस हमें डराने की कोशिश कर रहे हो।

358. Leela is returning to her village.
लीला अपने गाँव वापस जा रही है।

359. He's sweating/perspiring.
वह पसीने–पसीने हो रहा है।

360. She's rubbing her eyes.
वह अपनी आँखें रगड़ रही है।

361. They're tramping through a forest.
वे एक जंगल से गुजर रहे हैं।

362. Elephants are tramping the small animals.
हाथी छोटे जानवरों को कुचल रहे हैं।

363. He's sliding down the tail.
वह पूँछ पकड़कर नीचे सरक रहा है।

364. She's messing with me.
वह मेरे साथ उलझ रही है या मुझसे उलझ रही है।

365. The lion is roaming in the jungle.
सिंह जंगल में घूम रहा है।

366. Labourers are laying the bricks.
मज़दूर ईंटे बिछा रहे हैं।

367. She's dressing her up in a red saree.
वह लाल साड़ी पहन रही है।

368. That little girl is taking a small bite of paratha.
वह बच्ची परांठे का छोटा निवाला ले रही है।

369. Bushes/leaves are rustling.
झाड़ियों में सरसराहट हो रही है।

370. The melody is clearly playing in his head.
उसके दिमाग में धुन साफ–साफ बज रही है।

371. Fingers are tapping the melody.
उंगलियाँ धुन निकाल रही हैं।

372. He's boiling with rage.
वह गुस्से से आगबबूला हो रहा है।

373. You're overthinking.
तुम बहुत ज़्यादा सोच रहे हो

374. I'm asking for that book.
मैं वह किताब माँग रहा हूँ।

375. He's tapping his fingers on the table.
वह मेज़ पर उंगलियाँ फेर या थपथपा रहा है।

376. It's reminding me of somebody.
यह मुझे किसी की याद दिला रहा है।

377. She's offering flowers to the deity.
वह देवता को फूल चढ़ा रही है।

378. She is thinking of me.
बह मेरे बारे में सोच रही है।

379. Seeds are sprouting.
बीज अंकुरित हो रहे हैं।

380. She is stirring the soup with a spoon.
वह चम्मच से सूप को मिला रही है।

381. Tom is squatting down next to his dog.
वह अपने कुत्ते के आगे उकडूँ बैठा है या बैठ रहा है।

382. I'm doing the laundry.
मैं कपड़े धो रहा हूँ।

383. I'm doing the dishes.
मैं बरतन धो रहा हूँ।

384. You're hiding something for sure.
तुम पक्का कुछ छुपा रहे हो।

385. She's doing daily chores.
वह रोज़ के काम कर रही है।

386. He's bullying me.
वह मुझे सता रहा है।

387. She is making face.
वह मुँह बना रही है।

388. They're starving.
वे लोग भूखे मर रहे हैं।

389. She's stealing my bangles.
वह मेरी चूड़ियाँ चुरा रही है।

390. You're living all by yourself.
तुम अपना गुजारा पूरी तरह से ख़ुद ही कर रहे हो।

391. We're trying enough.
हम काफी प्रयास कर रहे हैं।

392. Her beauty is fading.
उसकी सुन्दरता धूमिल पड़ रही है।

393. I'm calling out in vain.
मैं बेमतलब पुकार रहा हूँ।

394. She's looking quite exhausted.
वह काफी थकी दिख रही है।

395. He's playing by the river.
वह नदी के पास खेल रहा है।

396. I'm approving it.
मैं इसे स्वीकार कर रहा हूँ।

397. My mother is straining tea.
मेरी माँ चाय छान रही है।

398. That man is carrying the bricks.
वह आदमी ईंटें ढो रहा है।

399. Mummy is running a sewing machine.
मम्मी सिलाई मशीन चला रही है।

400. It's appearing blue.
यह नीला प्रतीत हो रहा है।

401. He's turning blue.
वह नीला पड़ रहा है।

402. He's bringing bride home.
वह दुल्हन को घर ला रहा है।

403. You're taking his place.
तुम उसकी जगह ले रहे हो।

404. I'm losing my appetite.
मेरी भूख कम हो रही है।

405. I'm going to fetch my wife.
मैं अपनी पत्नी को लाने जा रहा हूँ।

406. She's getting the clothes off line.
वह तार से कपड़े उतार रही है।

407. You're getting wet.
तुम भींग रहे हो।

408. She's getting a lamp from the kitchen.
वह रसोई से लैंप ला रही है।

409. The flame is going out.
लौ बुझ रही है।

410. She's standing there like a statue.
वह वहाँ एक मूर्ति की तरह खड़ी है।

411. She's drying herself.
वह ख़ुद को सुखा रही है।

412. She's getting the firewood.
वह ईंधन के लिए लकड़ी ला रही है।

413. My back and my feet are aching so much.
मेरी पीठ और मेरे पाँव बहुत ज़्यादा दर्द कर रहे हैं।

414. She's defying me.
वह मेरी अवहेलना कर रही है।

415. She's hitting me back.
वह मुझ पर पलट वार कर रही है।

416. He is running this shop.
वह इस दुकान को चला रहा है।

417. The door is creaking.
दरवाज़ा चरमरा रहा है।

418. I'm having hiccups.
मुझे हिचकी आ रही है।

419. The wheels are squeaking.
पहिये आवाज़ कर रहे हैं।

420. Bangles are clinking.
चुड़ियाँ खनखना रही है।

421. Fire is breaking out.
आग लग रही है।

422. My leg is tingling.
मेरे पैर में झुनझुनी हो रही है।

423. The bird is flapping its wings.
पक्षी अपने पंखों को फड़फड़ा रहा है।

424. My voice is echoing.
मेरी आवाज़ गूँज रही है।

425. She's shunning the public these days.
वह लोगों से आजकल खुद को दूर रख रही है।

426. The queue is shuffling forward slowly.
कतार धीरे–धीरे आगे की तरफ बढ़ रही है।

427. The whole house is shuddering.
पूरा मकान काँप रहा है।

428. The leaves are shriveling in the sun.
पत्ते धूप में सिकुड़ रहे हैं।

429. You're shamming illness.
तुम बीमारी का ढोंग कर रहे हो।

430. She is shamming brilliantly.
वह बहुत अच्छी तरह अभिनय कर रही है।

431. The servant is severing a rope.
नौकर एक रस्सी के टुकड़े कर रहा है।

432. The water is seething.
पानी उबल रहा है।

433. I'm seething at her reaction.
मैं उसकी प्रतिक्रिया पर आगबबूला हो रहा हूँ।

434. Water is seeping through the ceiling.
पानी छत से टपक या रिस रहा है।

435. She's seasoning dal with cumin seeds.
वह दाल को ज़ीरे से छौंक लगा रही है।

436. Some children are scuttling for shelter in rain.
छोटे बच्चे बारिश में आश्रय के लिये भाग रहे हैं।

437. He's scuffling with his brother now.
वह अपने भाई के साथ हाथापाई कर रहा है।

438. My nephew is scrawling his answers.
मेरा भतीजा जवाबों को जल्दबाजी में लिख रहा है।

439. The dog is scratching at the door.
कुत्ता दरवाज़े को खरोंच या कुरेद रहा है।

440. I'm scratching my nose.
मैं अपने नाक को खुजा रहा हूँ।

441. The lady is scowling at me.
वो औरत मुझे देख नाक–भौं सिकोड़ रही है।

442. My sister is scouring the burnt pan in the kitchen.
मेरी बहन रसोई में जले हुए पैन को रगड़ कर माँज रही है।

443. She's scrambling over the wall.
वह दीवार पर घसीट कर लिख रही है।

444. The teacher is scrabbling her glasses in her bag.
शिक्षिका बैग में अपने चश्में को टटोल रही हैं।

445. They are scorning us.
वे हमारा तिरस्कार कर रहे हैं।

446. He's scoffing at my beliefs.
वह मेरी मान्यताओं का मज़ाक बना रहा है।

447. The roof is sagging from/at that corner.
उस कोने से छत लटक रही है।

448. They're rushing me.
वे मुझे हड़बड़ा रहे हैं।

449. Thunders are rumbling.
ज़ोरों की गड़गड़ाहट हो रही है।

450. I'm ripping this piece of cloth in two.
मैं इस कपड़े के टुकड़े को दो भागों में फाड़ रहा हूँ।

451. He is restraining his anger.
वह अपने क्रोध को नियंत्रित कर रहा है।

452. We're restraining our laughter.
हम अपनी हँसी रोक रहे हैं।

453. She's resembling her mother.
वह अपनी माँ की तरह दिख रही है।

454. The windows are rattling in the wind.
खिड़कियाँ हवा में खड़क रही हैं।

455. The horse is swishing its tail.
घोड़ा अपनी पूँछ हवा में घूमा रहा है।

456. The light is flickering.
प्रकाश टिमटिमा रहा है।

457. My nephew is swindling money out of his mother.
मेरा भतीजा अपनी माँ से धोखे से पैसे ऐंठ रहा है।

458. It's sweltering.
उमस हो रहा है या कड़ी गरमी पड़ रही है।

459. She's swilling down the front steps/verandah.
वह सामने की सीढ़ियाँ या बरामदा धो रही है।

460. The man is swerving to the left.
आदमी अचानक से बायीं ओर मुड़ रहा है।

461. Trees are swaying in the wind.
पेड़ हवा में डोल रहे हैं।

462. The mother is swathing thick bandages around her son's head.
माँ अपने बेटे के माथे पर मोटी पट्टियाँ लपेट रही है।

463. My brother is swathing a loin cloth.
मेरा भाई धोती लपेट रहा है या लपेटा हुआ है।

464. He is swatting a fly.
वह मक्खी को मार रहा है।

465. The overflowing sink is swamping the kitchen.
हौज के आतिरेक होने की वजह से पूरी रसोई में पानी भर गया है।

466. I'm staying off my goal.
मैं अपने लक्ष्य से दूर जा रहा हूँ।

467. She's stowing clothes in a trunk.
वह बक्से में करीने से कपड़े रख रही है।

468. You're stooping to this extent just to prove yourself right.
तुम ख़ुद को सही साबित करने के लिए इस हद तक गिर रहे हो।

469. Her breath is stinking of garlic.
उसकी साँस से लहसुन की दुर्गंध आ रही है।

470. These new shoes are squeaking.
ये नये जूते चरमरा रहे हैं।

471. The child is squealing.
बच्चा किलकारियाँ भर रहा है।

472. He's squirming on the floor due to stomachache.
वह पेट दर्द से फ़र्श पर तड़प रहा है।

473. She's stamping out of the room.
वह पैर पटकते हुए कमरे से बाहर जा रही है।

474. His feet are staggering.
उसके पैर लड़खड़ा रहे हैं।

475. She's squinting at you.
वह तुम्हें कनखियों से देख रही है।

476. I'm squashing lemon.
मैं नींबू निचोड़ रहा हूँ।

477. They're squabbling over what to watch on TV.
वे टी.वी. पर क्या देखना है इस बात पर तू–तू–मैं–मैं कर रहे हैं।

478. Blood is spurting out from the wound.
ज़ख़्म से खून निकल रहा है।

479. He's sprinting to catch the bus.
वह बस पकड़ने के लिए तेज़ी से दौड़ रहा है।

480. Rain is splattering on the roof.
बारिश की बूँदें छत पर पड़ रही हैं।

481. She's splashing her face with cold water.
वह अपने चेहरे पर ठंडे पानी के छींटे मार रही है।

482. The child is slumbering peacefully.
बच्चा शांति से सो रहा है।

483. The child is spewing in the lap itself.
बच्चा गोद में ही उल्टी कर रहा है।

484. I'm sparing your life.
मैं तुम्हारी जान बख़्श रहा हूँ।

485. She's soothing her crying child.
वह अपने रोते हुए बच्चे को शांत कर रही है।

486. He's soaping his skin and hair.
वह अपनी त्वचा और बालों को साबुन से साफ कर रहा है।

487. She's sobbing out her story.
वह सिसकियाँ भरके अपनी कहानी सुना रही है।

488. He's snubbing me completely.
वह पूरी तरह से मेरी अवहेलना कर रहा है।

489. This lotion is softening my skin a lot.
यह लोशन मेरी त्वचा को बहुत मुलायम कर रहा है।

490. I'm slouching about all day doing nothing.
मैं सारा दिन बिना कुछ किये सुस्ती से बिता रहा हूँ।

491. He's slithering on the roof.
वह छत पर फिसल रहा है या फिसलते हुए चल रहा है।

492. She's slinking inside the house.
वह घर के भीतर छुपी हुई है या छुप रही है।

493. The tea is slopping on the floor.
चाय फर्श पर छलक रही है।

494. He is slamming the door.
वह ज़ोरों से दरवाज़ा पीट रहा है।

495. The naughty child is slinging stones at birds.
शरारती बच्चा पक्षियों पर गुलेल से पत्थर मार रहा है।

496. His jacket is singeing.
उसका जैकेट झुलस रहा है।

497. She's sifting the flour.
वह आटा चाल रही है।

498. My student is sniffling a lot due to cold.
मेरा विद्यार्थी जुकाम की वजह से काफी नाक सुड़क रहा है।

499. Someone is snooping around our house.
कोई हमारे घर पर नज़र रख रहा है।

500. He is shouting at someone in verandah.
वह बरामदे में किसी पर चिल्ला रहा है।

Chapter – 5

Plan (Not Yet Happened)

1. The chair will break.
   कुर्सी टूट जायेगी।
2. The book will tear/get torn.
   किताब फट जायेगी।
3. He'll get me wrong.
   वह मुझे ग़लत समझ लेगा।
4. They will place it here.
   वे इसे यहाँ रख देंगे।
5. Your wife will spy you.
   तुम्हारी पत्नी तुम्हारी जासूसी करेगी।
6. This incident will change him.
   यह घटना उसे बदल देगी।
7. It will disrupt my sleep.
   यह मेरी नींद ख़राब कर देगा।
8. It will awaken something special in you.
   यह तुममें कुछ ख़ास जगा देगा।
9. You will soon meet him.
   तुम जल्द ही उससे मिलोगे।
10. That child will again threaten me.
    वह बच्चा मुझे फिर धमकाएगा।
11. It will fill you with delight.
    यह तुम्हें प्रसन्नता से भर देगा।
12. Your training will begin then.
    तुम्हारा प्रशिक्षण तब शुरू होगा।
13. He'll again come in his old, tattered clothes.
    वह फिर से अपने पुराने, फटे–चिथड़े में आ जाएगा।
14. I'll go there barefoot.
    मैं वहाँ पैदल जाऊँगा।
15. They will turn backward.
    वे पीछे की तरफ पलटेंगे।
16. I'll sense it.
    मुझे इसका आभास हो जाएगा।
17. I'll come on time.
    मैं समय पर आ जाऊँगा।
18. She will get angry to hear this.
    वह यह सुनकर नाराज़ होगी।
19. I will tell her to wait.
    मैं उसे इंतज़ार करने को कहूंगा।
20. She'll keep taking these medicines for three months.
    वह तीन महीने तक यह दवा लेती रहेगी।
21. I'll cane you.
    मैं तुम्हें बेंत से मारूँगा।
22. You'll come to know.
    तुम्हें पता चल जाएगा।

23. He'll get into my trap.
वह मेरी जाल में फँस जाएगा।

24. The mango will ripen.
आम पक जाएगा।

25. Dal will burn.
दाल जल जाएगी।

26. It'll come true one day.
यह एक दिन सच हो जाएगा।

27. Life will become/get heaven/ turn into heaven.
जीवन स्वर्ग हो जाएगा।

28. She will smile at you.
वह तुमको देख मुस्कराएगी।

29. It will take some effort.
इसमें थोड़ा प्रयास लगेगा।

30. My days will go well there.
वहाँ मेरे दिन अच्छे गुजरेंगे।

31. We'll speak in unison.
हम एक सुर में बोलेंगे।

32. As the day will progress....
जैसे दिन गुजरेगा....

33. She'll swallow sleeping pills.
वह नींद की गोलियाँ निगल लेगी।

34. She'll lose her life.
वह अपने जीवन से हाथ धो बैठेगी।

35. A day will end.
एक दिन गुजर जाएगा।

36. The water will slop.
पानी छलक जाएगा।

37. She will gobble the whole cake.
वह सारा केक फटाफट चट कर जाएगी।

38. They'll continue to walk slowly.
वे धीरे–धीरे चलते रहेंगे।

39. My head will start pounding.
मेरा सिर धम–धम करने लगेगा।

40. He will sharpen the knife himself.
वह ख़ुद ही चाकू की धार तेज़ कर लेगा।

41. This conditioner will soften your hair better.
यह कंडीशनर तुम्हारे बालों को ज़्यादा अच्छी तरह मुलायम करेगा।

42. Some Mr. Abhishek will come here.
कोई मिस्टर अभिशेक यहाँ आएँगे।

43. The bell will ring.
घंटी बजेगी।

44. Everything will happen in our presence.
सब कुछ हमारी उपस्थिति में होगा।

45. It will stick in my leg.
यह मेरे पाँव में चिपक जाएगा।

46. She will scour the utensils.
वह बर्तन को रगड़कर मांजेगी।

47. The hair will grow again.
बाल फिर बड़े हो जाएँगे।

48. It will take one more minute.
इसमें एक मिनट और लगेगा।

49. You'll get better at your work.
तुम अपने काम में बेहतर हो जाओगे।

50. They will let you live alone.
वे तुम्हें अकेले रहने या जीने देंगे।

51. He'll show his true colour one day.
    वह एक दिन अपना असली रंग दिखाएगा।
52. Stars will fill the sky.
    तारों से आसमान भर जाएगा।
53. The sky will look more beautiful.
    आसमान ज़्यादा खूबसूरत दिखेगा।
54. Rats will nibble important papers.
    चूहे महत्वपूर्ण कागज़ात कुतर देंगे।
55. He will get there by tomorrow.
    वह कल तक वहाँ पहुँच जाएगा।
56. The door will break.
    दरवाज़ा टूट जाएगा।
57. He will return you the remaining amount.
    वह बाक़ी के पैसे तुम्हें वापस कर देगा।
58. They will bid this house.
    वे इस घर को नीलाम कर देंगे।
59. This building will collapse.
    यह इमारत ढह जाएगी।
60. It will upset your stomach.
    यह तुम्हारे पेट को गड़बड़ कर देगा।
61. He'll contest election this year.
    वह इस साल चुनाव लड़ेगा।
62. The milk will burn.
    दूध जल जाएगा।
63. A cup of tea will do.
    एक कप चाय चलेगी।
64. The house will get built quickly.
    मकान जल्द ही बन जाएगा।
65. Flowers will bloom.
    फूल खिल जाएँगे।
66. The rain will shower.
    बारिश पड़ेगी।
67. I'll take you for an outing.
    मैं तुम्हें सैर कराने ले जाऊँगा।
68. We'll go on some trip.
    हम किसी यात्रा पर जाएँगे।
69. They'll get stuck in the traffic.
    वे लोग ट्रैफिक में फँस जाएँगे।
70. Everything will go fine now.
    अब सब सही हो जाएगा।
71. It'll make a world of difference.
    इससे बहुत फर्क पड़ेगा।
72. My hand will break.
    मेरा हाथ टूट जाएगा।
73. The child will insist for toys.
    बच्चा खिलौने के लिए हठ करेगा।
74. It'll stick in hand.
    यह हाथ में चिपकेगा।
75. The scorpion will sting.
    बिच्छू काट लेगा।
76. We'll get to do it.
    हम इसे कर पाएंगे।
77. She'll swagger.
    वह अकड़ेगी या अकड़ कर चलेगी।
78. I'll find some way out.
    मैं कोई रास्ता निकाल लूँगा।
79. Our hard work will pay off.
    हमारी कड़ी मेहनत रंग लाएगी।

80. She'll shed tears in vain.
वह व्यर्थ में आँसू बहाएगी।

81. The battery will die now.
बैटरी अब ख़त्म हो जाएगी।

82. He will chop the wood.
वह लकड़ियाँ काटेगा।

83. I'll mend shoes by 8 p.m.
मैं आठ बजे तक जूते मरम्मत कर दूँगा।

84. Your heart will break.
तुम्हारा दिल टूट जाएगा।

85. Ice cream will melt.
आइसक्रीम पिघल जाएगी।

86. You'll repent later.
तुम बाद में पछताओगे।

87. He'll put it on you.
यह इसे तुम पर रखेगा।

88. I'll do anyway.
मैं वैसे भी करूँगा।

89. You'll spoil your children this way.
इस तरह तुम अपने बच्चों को बिगाड़ दोगे।

90. Nothing will decrease from you.
तुममें से कुछ भी नहीं घटेगा या कम हो जाएगा या तुम्हारा कुछ नुकसान नहीं होगा।

91. Days will pass.
दिन गुज़र जाएँगे।

92. He'll run this house.
वह इस घर को चलाएगा।

93. The crop will grow.
फसल उगेगी।

94. Seeds will grow to crop.
बीज़ बड़े होकर फसल बन जाएँगे।

95. I will bear your expenses too.
मैं तुम्हारे ख़र्चे भी उठाऊँगा।

96. We'll die without air.
हम हवा के बिना मर जाएँगे।

97. I'll keep a watch on her.
मैं उस पर नज़र रखूँगा।

98. I'll get it back.
मैं इसे वापस पा लूँगा।

99. She'll burn with jealousy.
वह ईर्ष्या से जल उठेगी।

100. He'll bang here and there.
वह यहाँ–वहाँ धमाके करेगा या दस्तक देगा।

101. I'll head there now only.
मैं अभी वहाँ के लिए ही निकलूँगा।

102. He'll get on my shoulders.
वह मेरे कंधों पर चढ़ जाएगा।

103. Our future will shine.
हमारा भविष्य उज्ज्वल होगा।

104. He'll hear your quarrel.
वह तुम्हें झगड़ते हुए सुनेगा।

105. I'll cut it for you.
मैं इसे तुम्हारे लिए काटूँगा।

106. Motu will beat Patlu in tomorrow's match.
कल के मैच में मोटू पतलू को हरा देगा।

107. He'll bless you.
वह तुम्हें आशीर्वाद देगा।

108. I'll hide this truth somehow.
मैं किसी तरह इस सच को छुपा लूँगा।

109. It will scare them away.
यह उन्हें डराकर भगा देगा।

110. I'll better leave this place.
इससे अच्छा मैं यह जगह ही छोड़ दूँगा।

111. They'll hide the purse in the drawer.
वे दराज़ में पर्स छुपा देंगे।

112. He'll get trapped.
वह फँस जाएगा।

113. He'll stamp his foot.
वह अपने पैर पटकेगा।

114. I'll crouch under the bed.
मैं बिस्तर के नीचे दुबक जाऊँगा।

115. I'll trot beside my parents.
मैं अपने माता–पिता के आजू–बाजू में चलूँगा।

116. My little son will teethe within a month.
मेरे छोटे बेटे के एक महीने के भीतर दाँत निकल आएँगे।

117. The nurses will tend this man well.
नर्सें इस आदमी की अच्छे से देखभाल करेंगी।

118. I'll unleash the dog.
मैं कुत्ते की जंजीर खोल दूँगा।

119. They'll thatch this house very soon.
वे बहुत जल्द इस घर पर फूस की छत डाल देंगे।

120. Theft will take place here again, I guess.
मेरा अदांज़ा है यहाँ फिर चोरी होगी।

121. He'll thrash you some day.
वह तुमको किसी दिन कोड़ों से मारेगा।

122. I'll thread your needle.
मैं तुम्हारी सुई में धागा डाल दूँगा।

123. They'll throng on the road.
वे लोग सड़क पर भीड़ कर देंगे या जमा हो जाएँगे।

124. She'll throttle that man.
वह उस आदमी का गला दबा देगी।

125. This industry will thrive.
यह इंडस्ट्री फलेगी–फूलेगी।

126. This film will thrill audiences all over the world.
यह फिल्म सारी दुनिया के दर्शको को रोमांचित करेगी।

127. I'll go and thump on his door.
मैं जाऊँगा और उसके दरवाज़े पर धम से मारूँगा।

128. You'll thud from the bed.
तुम बिस्तर से गिर जाओगे।

129. The crowd will thrust you back.
भीड़ तुम्हें पीछे धकेल देगी।

130. Procrastination will thwart into your progress/success.
टालमटोल तुम्हारे विकास या सफलता में अड़चन डालेगी।

131. I'll tidy this room in a couple of minutes.
मैं कुछ मिनटों में इस कमरे को साफ कर लूँगा।

132. The farmer will start tilling this land from tomorrow.
किसान इस खेत को कल से जोतना शुरू करेंगे।

133. It'll tilt to one side.
यह एक तरफ झुक जाएगा।

134. Fingers will start tingling with cold.
उंगलियाँ ठंड से झुनझुनाने लगेंगी।

135. The bell will tinkle.
घंटी बजेगी।

136. She'll tiptoe to the bed.
वह दबे पाँव बिस्तर तक जाएँगी।

137. I'll toil day and night.
मैं दिन–रात मेहनत करूँगा।

138. He'll toot unnecessarily.
वह बेमतलब हॉर्न बजाएगा।

139. Books will topple.
किताबें लुढ़क जाएँगी।

140. The rich will always torment the poor.
धनी ग़रीब को हमेशा प्रताड़ित करेंगे।

141. Roses will trail over the walls.
गुलाब दीवारों पर छा जाएँगे।

142. I'll trail the bag.
मैं बैग घसीटूँगा।

143. My mother will trawl the whole house for her rosary.
मेरी माँ अपनी जपमाला के लिए पूरा घर छान मारेगी।

144. She'll tread on weighing machine.
वह वज़न मापने की मशीन पर पाँव रखेगी।

145. Tears will trickle down her cheeks.
आँसू उसके गालों से ढुलक जाएँगे।

146. Indians will trounce Australia in the next match.
भारतीय अगले मैच में ऑस्ट्रेलिया को बुरी तरह हराएँगे।

147. He'll trudge through the deep snow.
वह धीरे–धीरे गहरी बर्फ से होता हुआ गुजरेगा।

148. My nephew will trundle that wheel on the road.
मेरा भतीजा सड़क पर उस पहिये को लुढ़कायेगा।

149. My brother will twirl his moustache.
मेरा भाई उसकी मूँछ को उमेठेगा।

150. I'll twirl the cane in the air.
मैं हवा में बेंत को घुमाऊँगा।

151. She'll twiddle the ring on her finger.
वह अपनी अंगूठी को घुमायेगी।

152. We'll clasp our hands together.
हम अपने हाथ मिलायेंगे।

153. He'll then utter 'wow'.
तब वह 'बहुत बढ़िया' बोलेगा।

154. I'll hold a water bottle in my hand.
मैं अपने हाथ में पानी की एक बोतल पकडूँगा।

155. He'll then take off his shirt to get some sun.
वह तब थोड़ी धूप लेने के लिए अपनी शर्ट उतारेगा।

156. They'll reinforce.
वे लोग मज़बूती प्रदान करेंगे।

157. The rays of a new dawn will greet me.
एक नयी सुबह की किरणें मेरा अभिवादन करेंगी।

158. It'll set the tone for your day.
यह आपके दिन के लिये माहौल बना देगा।

159. She'll cover her ears with her hands.
वह अपने हाथों से अपने कानों को ढँक लेगी।

160. The man will raise his index finger to his lips.
आदमी अपनी तर्जनी अँगुली को होंठों पर रखेगा।

161. I'll contemplate for a short while.
मैं थोड़ी देर के लिए मनन करूँगा।

162. He'll ridicule her.
वह उसकी हँसी उड़ाएगा।

163. They'll rebuke him.
वे लोग उसे बुरी तरह फटकारेंगे।

164. He'll go crazy.
वह पागल हो जाएगा।

165. A time will come.
एक समय आएगा।

166. Nothing will happen to you.
तुम्हें कुछ नहीं होगा।

167. A misfortune will befall on them.
उन पर एक मुसीबत आ गिरेगी।

168. I'll give you time to get used to this new habit.
मैं इस नयी आदत को अपनाने के लिए तुम्हें वक़्त दूँगा।

169. Self-love will make you look extraordinary beautiful.
आत्म–प्रेम से तुम असाधारण खूबसूरत दिखोगे।

170. We will send our servant.
हम अपने नौकर को भेज देंगे।

171. Years will roll by.
सालों गुज़र जाएँगे।

172. I'll fulfil your wish.
मैं तुम्हारी इच्छा को पूरा करूँगा।

173. You'll find work there.
तुम्हें वहाँ काम मिल जाएगा।

174. It will sink.
यह डूब जाएगा।

175. God will crush your power to powder.
ईश्वर तुम्हारी शक्ति को चकनाचूर कर देगा।

176. I'll tell you something.
मैं तुम्हें कुछ कहूँगा।

177. No one will meet up to my expectations.
कोई मेरी अपेक्षाओं पर ख़रा नहीं उतरेगा।

178. I'll live the victim for rest of my life.
मैं सारी ज़िंदगी एक पीड़ित की तरह जिऊँगा।

179. I'll get disturbed.
मैं व्यथित हो जाऊँगा।

180. He'll look at me.
वह मुझ पर देखेगा।

181. It'll hurt you anyway.
यह तुम्हें वैसे भी चोट पहुँचाएगा।

182. Comparison will cause us pain.
तुलना से हमें तकलीफ होगी।

183. It will happen around you all the time.
यह तुम्हारे चारों ओर हर समय होगा।

184. We'll do nothing to heal.
हम ठीक करने को कुछ नहीं करेंगे।

185. Everyone will appreciate one another.
हर कोई एक–दूसरे की सराहना करेगा।

186. I'll continue doing good.
मैं भला करता रहूँगा।

187. I'll stop being good.
मैं अच्छा होना बंद कर दूँगा।

188. They will come and praise me.
वे आएँगे और मेरी प्रशंसा करेंगे।

189. We will learn by doing.
हम करके सीखेंगे।

190. I'll start waiting for it.
मैं इसका इंतज़ार करने लगूँगा।

191. It will make me feel good.
यह मुझे अच्छा महसूस कराएगा।

192. It will depend on who said it.
यह इस पर निर्भर करेगा कि इसे किसने कहा था।

193. I'll walk into the party.
मैं पार्टी में जाऊँगा।

194. I'll look at people like that.
मैं लोगों को उस तरह से देखूँगा।

195. I'll go around.
मैं आसपास जाऊँगा।

196. Nobody will do anything.
कोई कुछ नहीं करेगा।

197. I'll need someone to say that.
मुझे वह कहने के लिए किसी की ज़रूरत पड़ेगी।

198. The conversation will get over then and there.
बातचीत वहीं उसी समय ख़त्म हो जाएगी।

199. I'll go to someone else.
मैं किसी और के पास जाऊँगा।

200. Our happiness will then depend on others.
हमारी ख़ुशी तब दूसरों पर निर्भर करेगी।

201. They'll give you a fake compliment.
वे लोग तुम्हारी झूठी तारीफ करेंगे।

202. We'll give them their dose of appreciation.
हम लोग उन लोगों के हिस्से की तारीफ करेंगे।

203. This dress will suit none.
यह पोशाक किसी पर नहीं फबेगी।

204. Somebody will walk up to you.
कोई चल कर तुम्हारे पास आएगा।

205. We'll radiate happiness.
हम ख़ुशी बिखेरेंगे।

206. We'll sound stupid.
हम बेवकूफ लगेंगे।

207. It'll force them to fake that compliment.
यह उन्हें झूठी प्रशंसा करने को मज़बूर करेगा।

208. It'll fluctuate.
यह कम–ज़्यादा होता रहेगा या इसमें उतार–चढ़ाव रहेगा।

209. It'll block happiness.
यह ख़ुशी को अवरुद्ध कर देगा।

210. We'll feel good about it.
हम इसके बारे में अच्छा महसूस करेंगे।

211. It will stand on very fragile foundation.
यह बहुत कमज़ोर नींव पर खड़ा होगा।

212. People will have different choices.
लोगों के पास विभिन्न विकल्प होंगे।

213. They'll fake it.
वे इसका झूठा प्रदर्शन करेंगे।

214. I'll say to myself.
मैं खुद से कहूँगा।?

215. I'll get afflicted.
मैं पीड़ित या व्यथित हो जाऊँगा।

216. I'll let it go.
मैं इसे जाने दूँगा।

217. I'll learn to let go.
मैं जाने देना सीख जाऊँगा।

218. I'll call it obvious.
मैं इसे स्पष्ट कहूँगा।

219. Their lie will also become the cause of our distress.
उनका झूठ भी हमारे दुःख की वजह बन जायेगा।

220. People will easily manipulate us.
लोग आसानी से हमें अपना मोहरा बना लेंगे या हमें अपने इशारे पर नचाएँगे।

221. It'll make us happy or sorrow-ful.
यह हमें या तो ख़ुश करेगा या दुःखी करेगा।

222. I'll think something else.
मैं कुछ और सोचूँगा।

223. I'll live this way.
मैं इस तरह जिऊँगा।

224. I'll become their way.
मैं उनकी तरह बन जाऊँगा।

225. He will create anger in the next few days.
वह अगले कुछ दिनों में क्रोध उत्पन्न कर लेगा।

226. I'll create hurt inside my head.
यह मेरे दिमाग में तकलीफ उत्पन्न करेगा।

227. I'll think another way now.
अब मैं कोई और रास्ता सोचूँगा।

228. She will obviously get angry.
ज़ाहिर है वह नाराज़ होगी।

229. I'll see a situation.
मैं एक हालात देखूँगा।

230. I'll hold on to it unnecessarily.
मैं बेवजह इस पर अटका रहूँगा।

231. I'll say nice things to them.
मैं उनसे अच्छी बातें कहूँगा।

232. I'll change another person's mood.
मैं दूसरे इंसान के मनोभाव को बदल दूँगा।

233. I'll help them move ahead.
मैं आगे बढ़ने में उनकी मदद करूँगा।

234. I'll do it to myself.
मैं यह या इसे मेरे साथ करूँगा।

235. I'll heal them.
मैं उन्हें ठीक करूँगा।

236. I'll become a friend with myself.
मैं ख़ुद का दोस्त बन जाऊँगा।

237. I'll close the door.
मैं दरवाज़ा बंद कर दूँगा।

238. I'll go away waiting for somebody else.
मैं किसी और के इंतज़ार में चला जाऊँगा।

239. They'll get mean to us.
उनका व्यवहार हमारे साथ घटिया या नीचता से भरा हो जायेगा।

240. It will come very often.
यह अक़्सर आयेगा या होगा।

241. It will happen on a daily basis.
यह रोज़–रोज़ होगा।

242. It will come once in a while.
यह कभी–कभी आयेगा या होगा।

243. They will use wrong language.
वे ग़लत भाषा का इस्तेमाल करेंगे।

244. I'll consume their infection.
मैं उनके संक्रमण को ग्रहण कर लूँगा।

245. I'll not consume their pain.
मैं उनके दर्द को ग्रहण नहीं करूँगा।

246. I'll ask for much.
मैं ज़्यादा माँगूंगा।

247. I'll become the cause of their pain.
मैं उनके दर्द की वजह बन जाऊँगा।

248. The best of food will taste bitter.
बेहतर से बेहतर भोजन कड़वा लगेगा।

249. I'll find fault with everybody.
मैं सबकी ग़लती निकालूँगा।

250. I'll use abusive language for the people around me.
मैं मेरे आस–पास के लोगों के लिए गाली–गलौज का इस्तेमाल करूँगा।

251. We'll say it together.
हम यह साथ में कहेंगे।

252. They will look at you and say.
वे तुम्हारी तरफ देखेंगे और कहेंगे।

253. It will go on saying.
यह कहा जाता रहेगा।

254. My way will match your way.
मेरा तरीका तुम्हारे तरीका एक जैसा हो जायेगा।

255. People will think the same way.
लोग एक जैसा सोचेंगे।

256. They'll sit, smile and talk my way.
वे लोग मेरी तरह बैठेंगे, मुस्कराएंगे और बात करेंगे।

257. This answer we will get from everyone around us.
हम यह जवाब अपने आसपास के सभी लोगों से पायेंगे।

258. They'll love to do it for us.
वे इसे हमारे लिए करना बहुत पसंद करेंगे।

259. It will start happening automatically.
यह अपने–आप होने लगेगा।

260. They'll put in the effort.
वे प्रयास करेंगे।

261. My parents will suggest something else.
मेरे माता–पिता कुछ और सलाह देंगे।

262. Our pure vibration will empower them.
हमारी शुद्ध तरंगें उनको शक्तिशाली बनायेगी।

263. We will deplete ourselves.
हम खुद को कमज़ोर करेंगे।

264. This will go to a vicious cycle.
यह एक दुश्चक्र का रूप ले लेगा।

265. I'll accept you as you are.
मैं तुम्हें वैसे स्वीकार करूँगा जैसे तुम हो।

266. I'll do this in the name of my family.
मैं अपने परिवार के नाम पर यह करूँगा।

267. They will learn multiple languages.
वे लोग कई भाषाएँ सीखेंगे।

268. I'll need ten minutes to change my mind.
मैं अपना मन या विचार बदलने के लिए दस मिनट लूँगा।

269. I'll start saying.
मैं कहना शुरू करूँगा।

270. My feelings will change everything outside.
मेरी भावनाएँ बाहर सब कुछ बदल देंगी।

271. I'll create chaos in my life.
मैं अपने जीवन में हलचल पैदा कर लूँगा।

272. He'll lose the order.
उसके हाथ से ऑर्डर निकल जाएगा।

273. This loss will recover very soon.
इस नुकसान की बहुत जल्द ही भरपाई हो जाएगी।

274. I'll take only a steak of meat.
मैं माँस का एक ही टुकड़ा लूँगा।

275. Stable mind will change the situation.
स्थिर दिमाग हालात को बदल देगा।

276. It all will depend on words.
यह सब शब्दों पर निर्भर करेगा।

277. The mike will again shake.
माईक फिर हिल जाएगा।

278. I'll take responsibility to uplift myself.
मैं ख़ुद को ऊपर उठाने की ज़िम्मेवारी लूँगा।

279. They'll become/get nasty to him.
वे लोग उसके साथ बुरी तरह पेश आएँगे।

280. He will get injured.
वह घायल हो जाएगा।

281. It will circulate all around.
यह सब ओर फैल जाएगा।

282. I'll stay loyal to them.
मैं उनके प्रति वफादार रहूँगा।

283. We will nurture them to the perfect health.
हम पूर्णतः स्वस्थ होने तक उनकी देखभाल करेंगे।

284. I'll need nothing from anyone.
मैं किसी से कुछ नहीं चाहूँगी।

285. My mind will say 'no'.
मेरा दिमाग़ 'ना' कहेगा।

286. I'll get into relationship just to give.
मैं सिर्फ देने के लिए रिश्ते में पड़ूँगी।

287. It will also go that way.
यह भी उसी रास्ते जाएगा।

288. I'll lit a lamp.
मैं लैम्प जलाऊँगा।

289. I'll shift my mind to something beautiful.
मैं अपने दिमाग़ को किसी खूबसूरत चीज़ की तरफ ले जाऊँगा।

290. It will seem befitting to my situation.
यह मेरी हालात के हिसाब से उचित प्रतीत होगा।

291. They will follow your words.
वे लोग तुम्हारी बातों का अनुसरण करेंगे।

292. Impossible will happen.
असंभव बातें होंगी।

293. I'll talk this new language now.
अब मैं इस नयी भाषा में बात करूँगा।

294. They'll hear me say.
वे लोग मुझे कहते हुए सुनेंगे।

295. It will lower my standard.
यह मेरे स्तर को नीचे कर देगा।

296. I'll make that my reality.
मैं उसे अपनी सच्चाई बनाऊँगा।

297. That line will bring smile on your face.
वह लाइन आपके चेहरे पर मुस्कान लाएगी।

298. Happiness will show on your face.
ख़ुशी आपके चेहरे पर दिखेगी।

299. Our language will only reflect our mind.
हमारी भाषा ही केवल हमारे मन की हालत व्यक्त करेगी।

300. Happiness will always come for free.
ख़ुशी हमेशा मुफ्त मिलेगी।

301. I'll take care of my life.
मैं अपने जीवन का ख़्याल रखूँगा।

302. I'll make a personal commitment.
मैं एक व्यक्तिगत संकल्प लूँगा।

303. I'll become like this.
मैं इस तरह बन जाऊँगा।

304. I'll tell my mind to listen to me.
मैं अपने मन को मुझे सुनने को कहूँगा।

305. Anything you wish will happen.
जो कुछ भी तुम चाहोगे, वो हो जाएगा।

306. I'll keep changing my direction.
मैं अपनी दिशा बदलता रहूँगा।

307. You'll become responsible.
तुम ज़िम्मेदार हो जाओगे।

308. We will become destructive then.
हम तब विनाशकारी हो जाएँगे।

309. She will long for a child all her life.
वह सारी ज़िंदगी एक बच्चे के लिए तरसेगी।

310. We'll go to seek their blessings.
हम उनका आशीर्वाद लेने जाएँगे।

311. It will light my world with happiness.
यह मेरे जीवन को रोशन कर देगा।

312. I'll get overjoyed.
मैं बहुत ज़्यादा ख़ुश हो जाऊँगा।

313. I'll name her.
मैं उसका नाम रखूँगा।

314. She will learn to defend herself.
वह ख़ुद की रक्षा करना सीख जाएगी।

315. They'll bring some happy news.
वे कुछ अच्छी ख़बर लाएंगे।

316. She'll leave the responsibility on me.
वह मुझ पर जिम्मेवारी डाल देगी।

317. I'll leave tomorrow morning.
मैं कल सुबह निकलूँगा।

318. She will carry her sword and shield.
वह अपनी तलवार और ढाल लेकर चलेगी।

319. I'll set off for the journey.
मैं यात्रा के लिए रवाना हो जाऊँगा।

320. She will stop over in a village.
वह एक गाँव में रूकेगी।

321. She'll gobble you up.
वह तुम्हें निगल जाएगी।

322. I'll pass her house.
मैं उसके घर से होकर गुजर जाऊँगा।

323. Nothing will grow there.
वहाँ कुछ भी नहीं उगेगा।

324. She will let me stay.
वह मुझे ठहरने देगी।

325. I'll bring you flowers.
मैं तुम्हारे लिए फूल लाऊँगा।

326. I'll watch it burn.
मैं इसे जलते देखूंगा।

327. I'll watch till the end.
मैं अंत तक देखूँगा।

328. The day I will come out.
जिस दिन मैं बाहर निकलूँगा।

329. We'll fight our enemies.
हम अपने दुश्मनों से लड़ेंगे।

330. I'll keep my word.
मैं अपना वादा निभाऊँगा।

331. They'll live happily ever after.
वे हमेशा ख़ुशी से रहेंगे।

332. I'll grow flowers there.
मैं वहाँ फूल लगाऊँगा।

333. He'll again raise his voice.
वह फिर अपनी आवाज़ ऊँची करेगा।

334. I'll find my best self.
मैं अपना सबसे बेहतर रूप पा लूँगा।

335. He'll get stuck in his life.
वह अपने जीवन में फँस या अटक या रुक जायेगा।

336. You'll get to grow.
तुम विकास कर पाओगे।

337. Opportunity will come with every challenge.
हर चुनौती के साथ अवसर आयेगा।

338. It will measure your worth.
यह तुम्हारी क़ाबिलियत आँकेगा।

339. Study will get scary to them then.
पढ़ाई तब उनके लिए डरावनी हो जाएगी।

340. He will keep toying with a loose button on this shabby shirt.
वह इस फटी–पुरानी शर्ट के ढीले बटन के साथ खेलता रहेगा।

341. I'll start mumbling.
मैं भुनभुनाना शुरू करूँगा।

342. Prices will skyrocket.
क़ीमतें बहुत बढ़ जाएँगी।

343. It will enrich our knowledge.
यह हमारे ज्ञान को बढ़ाएगी।

344. Bitterness will come in relationship.
रिश्ते में कड़वाहट आ जाएगी।

345. Peace will come in mind.
मन में शांति आ जाएगी।

346. It will fuel my joy.
यह हमारी ख़ुशी में इजाफा कर देगी।

347. The one who will stoke my peace.
वो जो मेरी शांति में इजाफा कर देगी।

348. He'll always excite me to become a better person.
वह मुझे एक बेहतर इंसान बनने के लिये हमेशा उत्तेजित करेगा।

349. She will get overjoyed.
वह ख़ुशी से चहक जाएगी।

350. We'll share our views with each other.
हम एक़–दूसरे से अपने विचार साझा करेंगे।

351. They will thrust their opinions into my unwilling ears.
वे लोग अपने विचारों को मुझपे थोपेंगे या अपने विचारों को मेरे अनिच्छुक कानों में ज़बर्दस्ती घुसेड़ेंगे।

352. Your ideas will begin to change.
आपके विचार बदलने लगेंगे।

353. He'll tell the same tale again.
वह फिर से वही कहानी कहेगा।

354. Your daily work will get easier.
आपके रोज़ के काम आसान हो जाएँगे।

355. I'll do without you easily.
मैं तुम्हारे बिना आसानी से जी लूँगा।

356. My legs will go numb.
मेरे पाँव सुन्न हो जाएँगे।

357. They will begin to advise us.
वे हमें सुझाव देने लगेंगे।

358. I'll try my best to avoid all these things.
मैं इन सब चीज़ों को नज़रअंदाज़ करने की हर संभव कोशिश करूँगी।

359. You will find it tasty.
तुम्हें यह स्वादिष्ट लगेगा।

360. She will surround herself with books.
वह ख़ुद को किताबों से घेर लेगी।

361. I'll need to say.
मुझे कहने की ज़रूरत पड़ेगी।

362. Art will feed the soul.
कला आत्मा को पोषित करेगी।

363. Your surroundings will uplift your heart.
आपका वातावरण आपके दिल को ख़ुशनुमा कर देगा।

364. It will take just a single morning.
इसमें बस एक सुबह लगेगी।

365. I'll utter only heart-gladdening words.
मैं सिर्फ मन को ख़ुश करने वाले शब्द बोलूँगी।

366. Your face wrinkles will relax this way.
आपके चेहरे की शिकन इस तरह ढीली पड़ जायेंगी।

367. It will totally transform your life.
यह तुम्हारे जीवन को पूरी तरह बदल देगा।

368. I'll keep getting roses along my way.
मुझे मेरे रास्ते में गुलाब मिलते रहेंगे।

369. I'll introduce you to my dad some time.
मैं अपने पिता से तुम्हारा परिचय किसी समय कराऊँगा।

370. He'll play a trick.
वह एक चाल चलेगा।

371. They'll play prank.
वे लोग शरारत करेंगे।

372. Your mouth will keep open.
तुम्हारा मुँह खुला रहेगा।

373. It will make you feel alive.
यह तुमको जीवंत महसूस कराएगा।

374. It will fill you with delight.
यह तुम्हें आनंद से भर देगा।

375. I'll come some other time.
मैं किसी और समय आऊँगा।

376. Chasing butterflies will flood you with joy.
तितलियों का पीछा करना तुम्हें आनदं से सराबोर कर देगा।

377. Her enthusiasm will fade.
उसका उत्साह फीका पड़ जायेगा।

378. The light of the lamp will grow dim.
लैम्प की रोशनी मंद हो जायेगी।

379. She will begin to worry about you.
वह तुम्हारे बारे में चिंता करने लगेगी।

380. I won't let it close.
मैं इसे बंद नहीं होने दूँगी।

381. It will remind you of her.
यह तुम्हें उसकी याद दिलायेगा।

382. He will clear his throat nervously.
वह घबराहट से अपना गला साफ करेगा।

383. He will knock you down in no time.
वह तुमको एक झटके में पछाड़ देगा।

384. It will burn away the fakeness, the fear.
यह डर को, दिखावे को ख़त्म कर देगा।

385. He'll wound you.
वह तुम्हें ज़ख्मी कर देगा।

386. Suffering will yield many rewards.
पीड़ा कई पुरस्कार दिलायेगी।

387. I'll conquer my nightmares.
मैं अपने बुरे सपनों पर विजय पा लूँगा।

388. You'll soon get articulate in English language.
तुम जल्द ही अंग्रेज़ी भाषा में अभिव्यक्ति में निपुण हो जाओगे।

389. The depth will come in your talks.
तुम्हारी बातों में गहराई आ जायेगी या ठहराव आ जायेगा।

390. I'll clap my dirty hands.
मैं अपने गंदे हाथों से ताली बजाऊँगा।

391. It will go waste.
यह व्यर्थ जायेगा।

392. I'll love to be on winning side.
मैं जीतने वाले की तरफ होना पसंद करूँगी।

393. He'll catch up slowly.
वह आहिस्ते–आहिस्ते चीज़ों को समझ लेगा।

394. Learning will happen differently then.
सीखना तब अलग तरीके से होगा।

395. I'll go straight there.
मैं सीधे वहाँ जाऊँगा।

396. It will get soiled.
यह गंदा हो जाएगा।

397. I'll keep it down.
मैं इसे नीचे रख दूँगा।

398. She will keep the phone down.
वह फोन नीचे रख देगी।

399. Nothing else you'll do.
तुम और कुछ नहीं करोगे।

400. He will feel ashamed.
वह शर्मिंदा महसूस करेगा।

401. He will let you down.
वह तुमको निराश करेगा।

402. You'll matter always.
तुम हमेशा मायने रखोगे।

403. Something extraordinary will happen.
कुछ अतिसाधारण होगा।

404. You'll get lost.
तुम खो जाओगे।

405. He will wake you up.
वह तुम्हें जगा देगा।

406. I'll walk ahead of you.
मैं तुम्हारे आगे चलूँगा।

407. He will take you there.
वह तुम्हें वहाँ ले जाएगा।

408. I'll wait in line.
मैं पंक्ति में इंतज़ार करूँगा।

409. I won't take it for granted.
मैं इसे हल्के में नहीं लूँगा।

410. She will get some sleep first.
वह पहले थोड़ी नीदं लेगी।

411. He will speak more slowly.
वह और भी धीरे बोलेगा।

412. I'll show you another.
मैं तुम्हें दूसरा दिखाऊँगा।

413. I'll show you how.
मैं तुम्हें दिखाऊँगा कैसे करना है या कैसे होता है।

414. I'll give you something to do.
मैं तुम्हें कुछ करने को दूँगा।

415. It will take a while.
इसमें बस थोड़ा वक्त़ लगेगा।

416. You'll lose.
तुम हार जाओगे।

417. She will make it easy.
वह इसे आसान कर देगी।

418. She will live on her own/by herself.
वह अपने दम पर जियेगी।

419. I'll help myself to the cake.
मैं केक ख़ुद ले लूँगा।

420. She'll know nothing about it.
वह इसके बारे में कुछ नहीं जानेगी।

421. He'll come to see me soon.
वह मुझसे जल्द ही मिलने आयेगा।

422. They'll make you lie.
वे तुमसे झूठ बुलवायेंगे।

423. He will hit you with a stick.
वह तुम्हें छड़ी से मारेगा।

424. She will do some sweaty exercise.
वह पसीने बहाने वाली एक्सरसाइज करेगी।

425. He will pull out an expensive leather wallet.
वह एक महंगा चमड़े का बटुआ बाहर निकालेगा।

426. She will keep on speaking.
वह बोलती रहेगी।

427. She will expect everyone around to behave courteously.
वह हर किसी से शिष्टता से व्यवहार करने की उम्मीद करेगी।

428. Nothing will work for them.
उनके लिये कुछ भी नहीं काम करेगा।

429. Something will unfold there.
वहाँ कुछ पता चलेगा या कोई बात खुलेगी।

430. I'll get more done by ten a.m.
मैं दस बजे तक काफी काम निपटा लूँगा।

431. Your life will start to look glorious.
तुम्हारा जीवन बहुत सुंदर दिखने लगेगा।

432. He'll come and raise his shirt to show his muscles.
वह आयेगा और अपनी मांसपेशियों को दिखाने के लिये क़मीज उठा लेगा।

433. You'll see the world through a new set of eyes.
तुम दुनिया को एक नये नज़रिये से देखोगे।

434. A magic will show up for you.
तुम्हें एक जादू दिखेगा।

435. I'll send my car to pick you up.
मैं तुम्हें लाने के लिये कार भेजूँगा।

436. It will require a little time.
इसमें थोड़ा समय चाहिये होगा।

437. He will take the needed time.
वह जितने समय की ज़रूरत है उतना लेगा।

438. I'll just go back to my seat over there.
मैं बस वहाँ अपनी सीट पर वापस जाऊँगा।

439. It will sound insane.
यह पागलपन लगेगा।

440. You'll look completely down and out.
तुम पूरी तरह दीनहीन दिखोगे।

441. The milk will curdle/go sour/turn sour.
दूध फट जायेगा।

442. I'll sip some hot coffee.
मैं थोड़ी गर्म कॉफी पियूँगा।

443. She'll hold this bag.
वह यह थैला पकड़ेगी।

444. I'll read this story to my grandmother.
मैं यह कहानी अपनी दादी को पढ़के सुनाऊँगी।

445. The loss will leave her empty.
क्षति उसको खोखला कर जायेगी।

446. Music will fill the void.
संगीत सूनापन भर देगा।

447. She'll push me to the edge.
वह मुझे किनारे पर धकेल देगी।

448. He'll clip his moustache himself.
वह अपनी मूँछ खुद ही छोटी कर लेगा।

449. She'll starve to death.
वह भूख से मर जायेगी।

450. You'll feel inspired.
तुम प्रेरित महसूस करोगे।

451. He'll punch his fist into an open palm.
वह खुली हथेली में अपनी मुट्ठी ज़ोर से मारेगी।

452. A lot of me will feel the same way.
मैं भी काफी हद तक ऐसा ही महसूस करूँगा।?

453. He'll glance at me.
वह मुझ पर नज़र डालेगा या वह मुझे देखेगा।

454. He'll sing enthusiastically.
वह उत्साह से गायेगा।

455. I'll get away from the noise and nuisance.
मैं शोर और शराबे से दूर हो जाऊँगा।

456. He will set for a new beginning.
वह एक नये शुरूआत की तैयारी करेगा।

457. They will feel uneasy.
वे असहज महसूस करेंगे।

458. She will feel like death.
वह मौत की तरह महसूस करेगी।

459. They'll stand on the sidewalk.
वे लोग फुटपाथ पर खड़े होंगे।

460. He'll show up on Monday.
वह सोमवार को दिखाई देगा।

461. She'll say with a sneer.
वह तिरस्कार से कहेगी।

462. Her call will come in ten minutes.
उसकी कॉल दस मिनट में आयेगी।

463. He'll place his bags into the vehicle.
वह गाड़ी में अपने बैग रखेगा।

464. It will mislead them.
यह तुम्हें गुमराह करेगा।

465. He'll regain his composure.
वह अपने संयम को पुनः प्राप्त कर लेगा।

466. Humility will remain in check this way.
विनम्रता इस तरह बनी रहेगी।

467. He'll spook you both.
वह तुम दोनों को डरा देगा।

468. My dad will bear my expense.
मेरे पिता मेरा ख़र्च उठायेंगे।

469. He'll enunciate in British accent.
वह अंग्रेज़ों के लहजे में बोलेगा।

470. I'll see you in paradise soon.
मैं तुम्हें स्वर्ग में जल्द ही मिलूँगा।

471. He'll become more courteous and decent.
वह ज़्यादा शिष्ट और सभ्य बन जायेगा।

472. Songs will play in the background.
पृष्ठभूमि में गाने बजेंगे।

473. The child will pee on the bed itself.
बच्चा बिस्तर पर ही पेशाब कर देगा।

474. The atmosphere will get tense.
माहौल तनावपूर्ण हो जायेगा।

475. He'll stand there captivated.
वह वहाँ मुग्ध खड़ा रहेगा।

476. The speedy wind will flap the curtains.
तेज़ हवा पर्दों को उड़ा देगी या लहरा देगी।

477. She'll touch my feet.
वह मेरे पाँव छुयेगी।

478. He'll keep looking here and there.
वह यहाँ–वहाँ देखता रहेगा।

479. Bullets will break my peace.
गोलियाँ मेरी शांति भंग कर देगी।

480. It will break into pieces.
इसके टुकड़े–टुकड़े हो जायेंगे।

481. I'll whiten the shoes by rubbing chalk over it.
मैं चॉक रगड़कर जूते को सफेद कर दूँगा।

482. He'll get disheartened.
वह हताश हो जायेगा।

483. He'll accept all allegations against him.
वह उसके खिलाफ सारे इल्ज़ाम स्वीकार कर लेगा।

484. She'll prick multiple holes in potatoes.
वह आलुओं में ढेर सारे छेद करेगी।

485. It'll make me hopeful.
यह मुझे आशा से भर देगा।

486. She will apologize.
वह क्षमा माँगेगी।

487. She will feel safe with you.
वह तुम्हारे साथ सुरक्षित महसूस करेगी।

488. The wives will start scolding their husbands the moment they see them.
पत्नियां पतियों को देखते ही उन्हें डाँटने लगेंगी।

489. I will drag the luggage somehow.
मैं किसी तरह से सामान घसीटूंगा या खीचूंगा।

490. He will ask for more money.
वह और पैसे माँगेगा।

491. I'll refuse to give.
मैं देने से मना कर दूँगा।

492. I'll keep my dream to myself.
मैं अपने सपने को खुद तक सीमित रखूँगा।

493. She won't let me speak.
वह मुझे बोलने नहीं देगी।

494. They won't buy him anything of his choice.
वे उसकी पसंद का उसे कुछ नहीं दिलायेंगे।

495. We'll stay home.
हम घर पर रहेंगे।

496. I'll keep her safe.
मैं उसे सुरक्षित रखूँगा।

497. New habits will cultivate for sure.
नयी आदतें निश्चित रूप से विकसित होंगी।

498. Her messages will come late at night.
उसके संदेश देर रात को आयेंगे।

499. He will never lie from now onwards.
वह अब से कभी झूठ नहीं बोलेगा।

500. She will stop worrying then.
वो चिंता करना तब बंद कर देगी।

CHAPTER – 6

RANDOMLY-CHOSEN SENTENCES

1. I am your friend.
   मैं तुम्हारा दोस्त हूँ।
2. I am happy.
   मैं ख़ुश हूँ।
3. I am a doctor.
   मैं एक डॉक्टर हूँ।
4. There is no problem.
   कोई समस्या नहीं है।
5. Help me out.
   मेरी मदद करो।
6. I exercise every day.
   मैं हर दिन व्यायाम करता हूँ।
7. I stopped worrying.
   मैंने चिंता करना छोड़ दिया।
8. I'll bring positive difference in my life.
   मैं मेरे जीवन में सकारात्मक बदलाव लेकर आऊँगा।
9. I'm getting better and better every day.
   मैं हर रोज बेहतर होता जा रहा हूँ।
10. I was boiling inside.
    मैं अदंर ही अदंर उबल रहा था।
11. I will be doing selfless service throughout my life.
    मैं सारी ज़िंदगी निःस्वार्थ सेवा करती रहूँगी।
12. I have come to know the secret of happiness.
    मुझे ख़ुशी का राज पता चल गया है।
13. I had gone through various mental tortures already.
    मैं पहले ही विभिन्न मानसिक यातनाओं से गुजर चुका था।
14. I will have attained success by then.
    तब तक मुझे सफलता मिल चुकी होगी।
15. I have been yearning for peace.
    मैं शांति के लिये तरसती रही हूँ।
16. I have always been unorthodox and I'm proud of it.
    मैं हमेशा स्वच्छंद रही हूँ और मुझे इस बात का गर्व है।
17. I had been involved in training process.
    मैं प्रशिक्षण–प्रक्रिया में शामिल रही थी।

18. I had been learning continuously.
मैं लगातार सीखती रही थी।

19. Let me go to an extent where peace and happiness are dying to hug me.
मुझे उस मुकाम तक जाने दो जहाँ शांति और ख़ुशी मुझे गले लगाने को मरी जा रही हैं।

20. Let us make things better.
चलो चीज़ें या हालात बेहतर करें या करते हैं।

21. I love learning with obsession.
मुझे जुनून के साथ सीखना बहुत पसंद है।

22. Learning out of passion brings drastic change in life.
जुनून के साथ सीखने से जीवन में ज़बर्दस्त बदलाव आते हैं।

23. I'm likely to visit some place next month.
मेरे अगले महीने किसी जगह पर घूमने जाने की संभावना है।

24. I'm supposed to stay silent throughout the day.
मुझे सारा दिन चुप रहना है।

25. I used to hurt my parents a lot.
मैं अपने माता–पिता को बहुत तकलीफ पहुँचाया करती थी।

26. I would dance spreading my frock.
मैं अपनी फ्रॉक को फैलाकर नाचती।

27. I am appreciated.
मेरी सराहना होती है।

28. I was ignored.
मुझे नज़रअंदाज किया गया।

29. I will be welcomed.
मेरा स्वागत किया जायेगा।

30. I was told to compromise with my principles.
मुझे मेरे सिद्धांतों से समझौता करने को कहा गया।

31. I am suggested to think over my decision again.
मुझे मेरे फैसले पर दुबारा सोचने की सलाह दी जाती है।

32. I'll be thanked to do what I'm doing.
जो मैं कर रही हूँ वह करने के लिये मुझे धन्यवाद किया जायेगा।

33. I'm upstairs.
मैं ऊपर हूँ।

34. I may forget everything.
मैं सब कुछ भूल सकता हूँ।

35. I might remember something not worththinking.
शायद मुझे कुछ ऐसा याद आ सकता है जो सोचने लायक नहीं हो।

36. I can do anything with God's help.
मैं ईश्वर की मदद से कुछ भी कर सकता हूँ।

37. I could control on myself.
मैं खुद पर नियंत्रण कर पाया।

38. I should take shower early.
मुझे जल्दी स्नान कर लेना चाहिए।

39. I would like to dance in the rain.
मैं बारिश में नाचना पसंद करूँगा या मैं बारिश में नाचना चाहता हूँ।

40. I would rather spread smile.
मैं इसके बजाय मुस्कान बिखेरूंगा।

41. Shall I turn down the volume?
क्या मैं आवाज़ कम कर दूं?

42. Would you like to have some coffee?
क्या आप थोड़ी कॉफी लेना पसंद करेंगे?

43. Can I use your washroom?
क्या मैं आपका वॉशरूम इस्तेमाल कर सकता हूँ?

44. Could I speak to the manager, please?
क्या मैं मैनेजर से बात कर सकता हूँ ?

45. May I ask you something?
क्या मैं आपसे कुछ पूछ सकता हूँ?

46. I must stop fretting and fuming.
मुझे झल्लाना और गुस्सा करना बंद कर देना चाहिए।

47. I have to get that toy.
मुझे वो खिलौना लेना है या चाहिए।

48. I have got to go from here.
मुझे यहाँ से जाना ही है।

49. I had to resign.
मुझे इस्तीफा देना था या पड़ा।

50. I will have to finish it before Monday.
मुझे इसे सोमवार से पहले ख़त्म करना पड़ेगा।

51. I get to do it.
मैं इसे कर पाता हूँ।

52. I am to stay awake whole night.
मैं सारी रात जगने वाला हूँ।

53. I am about to get down.
मैं उतरने ही वाला हूँ।

54. I was to postpone the meeting.
मैं बैठक स्थगित करने वाला था।

55. I do study.
मैं पढ़ता तो हूँ।

56. I did compromise.
मैंने समझौता तो किया।

57. I know how to handle it.
मुझे इसे संभालना आता है।

58. I am used to this environment now.
मुझे अब इस वातावरण की आदत है।

59. I get used to something new in no time.
मुझे नयी चीजों को अपनाने में समय नहीं लगता है।

60. It is 4 p.m. now.
अभी शाम के चार बजे हैं।

61. I left the place that very moment.
मैंने वह जगह उसी पल छोड़ दिया।

62. It didn't occur to me to inform others.
मुझे उन्हें सूचित करने का ख़्याल ही नहीं आया।

63. I bet I'll get to the place I wished to.
मुझे यक़ीन है मैं उस जगह पर पहुँच जाऊँगी जहाँ पहुँचना चाहती थी।

64. It's high time I stopped procrastinating.
अब तो मुझे टालमटोल बंद कर ही देना चाहिए।

65. I'll not spare him.
मैं उसे बख्श़ूंगा नहीं।

66. I have some program today.
आज मेरा कुछ कार्यक्रम है।

67. In spite of being rich, I stayed empathetic towards the poor.
धनी होने के बावजूद मैं ग़रीबों के प्रति सहानुभूति रखने वाला बना रहा।

68. I dare speak the truth.
मुझमें सच बोलने की हिम्मत है।

69. I'm ready to stay here provided I pay for this.
मैं यहाँ रहने को तैयार हूँ बशर्ते मैं इसके लिए भुगतान करूँ।

70. It's no use discussing that.
उस पर चर्चा करने का कोई फायदा नहीं।

71. There is nothing wrong in sticking to my principles and living life on my own term.
अपने सिद्धांतों से जुड़े रहने और मेरा जीवन मेरी शर्तों पर जीने में कोई बुराई नहीं है।

72. I've spare pencils.
मेरे पास अतिरिक्त पेंसिल है।

73. I saw him singing and dancing/sing and dance.
मैंने उसे गाते और नाचते देखा।

74. I make him laugh.
मैं उसे हँसाता हूँ।

75. I got her a book.
मैंने उसे एक किताब दिलायी।

76. I'll get it polished.
मैं इस पॉलिश करवा दूँगा।

77. I can help you change your life if you sincerely want it.
मैं तुम्हारी बदलने में मदद कर सकता हूँ अगर तुम सच में चाहते हो।

78. All I have to do is to better myself.
मुझे बस ख़ुद को बेहतर करना है।

79. I should be working all the time.
मुझे हर वक़्त काम करते रहना चाहिए।

80. I'll keep learning all my life.
मैं सारी ज़िंदगी सीखती रहूँगी।

81. I may be overreacting in the case of children.
मैं बच्चों के मामले में अतिप्रतिक्रिया कर रहा होऊँगा।

82. I might be taking it seriously.
मैं शायद इसे गंभीरता से ले रहा हूँ।

83. I could have consoled her.
मैं उसे सांत्वना दे सकता था।

84. I should have realized my mistake.
मुझे अपनी ग़लती का एहसास होना चाहिए था।

85. I may have left it there.
मैंने उसे वहाँ छोड़ दिया होगा।

86. I would have stayed there.
मैं वहाँ ठहरा होता।

87. I might have made him sad.
मैंने उसे उदास कर दिया होगा।

88. Nobody expected (that) it would happen like this.
किसी ने उम्मीद नहीं की थी कि यह इस तरह होगा।

89. How come you are here?
आप यहाँ कैसे?

90. He seems to have known everything.
लगता है उसे सब पता चल गया है।

91. I bet you can't make them agree.
मुझे यक़ीन है कि तुम उसे राजी नहीं करा सकते।

92. I didn't expect (that) I would meet you here.
मैंने उम्मीद नहीं की थी कि मैं आपको यहाँ मिलूँगा।

93. Have I ever asked you to do it?
क्या मैंने आपको कभी ऐसा करने को कहा है?

94. I've no idea why she doesn't talk to me.
पता नहीं वो मुझसे क्यों बात नहीं करती है?

95. I want to do it.
मैं यह करना चाहता हूँ।

96. I want you to do it.
मैं चाहता हूँ कि यह तुम करो।

97. He kept it written on the board.
उसने इसे बोर्ड पर लिखा रहने दिया।

98. She is that beautiful.
वह इतनी सुंदर है।

99. It doesn't make any sense.
इसका कोई अर्थ नहीं निकलता।

100. It doesn't make any difference.
इससे कोई फ़र्क़ नहीं पड़ता।

101. Use stairs, stay fit.
सीढ़ियों का इस्तेमाल करें, तंदरुस्त रहें।

102. I owe you a lot.
मैं आपका बहुत एहसानमंद हूँ।

103. He threw the paper out of anger.
उसने गुस्से में आकर काग़ज़ फेंक दिया।

104. My father has changed himself to a large extent.
मेरे पिता ने ख़ुद को बहुत हद तक बदल लिया है।

105. The more we learn, the more is out there for us.
जितना हम सीखते हैं, हमारे लिए उतना ही अधिक है सीखने को।

106. Only your voice will do.
केवल तुम्हारी आवाज़ चलेगी।

107. I can't do without you.
मैं तुम्हारे बिना नहीं चल सकता/जी सकता/कर सकता।

108. It's worth-appreciating.
यह क़ाबिले तारीफ है।

109. I tend to get into gossip so very often.
मैं बहुत बार गपशप में पड़ जाता हूँ।

110. I'll take you to the court, just wait and watch.
मैं तुम्हें कोर्ट ले जाऊँगा, बस रुको और देखो।

111. I got home.
मैं घर पहुँच गया।

112. It won't last more than 3 years.
यह तीन साल से ज़्यादा नहीं चलेगा।

113. Every time I talk to you, I feel myself so very blessed.
हर बार जब मैं आपसे बात करता हूँ तो मैं ख़ुद को बहुत धन्य महसूस करता हूँ।

114. Enough is enough.
अब बहुत हो गया है।

115. Any/every Tom, Dick and Harry can't enter there.
कोई भी ऐरा–गैरा वहाँ नहीं जा सकता।

116. Shopping is not my cup of tea.
ख़रीदारी में मेरी कोई दिलचस्पी नहीं है या यह मेरे बस की नहीं है।

117. Beggars can't be choosers.
दान की बछिया के दाँत नहीं गिने जाते।

118. The ball is in your court now.
बाज़ी अब आपके हाथों में है।

119. I'm taken for granted.
मेरी कद्र नहीं है।

120. I'm screwed up/ messed up. I am totally confused.
मेरा दिमाग़ ख़राब हो गया है।

121. It's more than sufficient.
यह पर्याप्त से अधिक है।

122. I'm done.
मैंने कर लिया है।

123. I'm finished.
मैंने अपना काम ख़त्म कर लिया है या मैं बर्बाद हो चुका हूँ।

124. There you are.
तुम यहाँ हो

125. Here you are. This is for you, take it.
तुम यहाँ हो। यह आपके लिये है, ले लीजिये।

126. Here we go.
ये रहा। शुरु करते हैं!

127. There we go.
पहुँच गये। यह हो गया।

128. Have you tasted this experience?
क्या आपने इसे अनुभव किया है?

129. It was neatly folded.
यह करीने से मुड़ा हुआ था।

130. Push it and it will expand.
इसे धकेलो और यह फैल जायेगा।

131. Flex it and it will extend.
इसको खींचो और यह बड़ा हो जायेगा।

132. Repeat the routine you wish to add to your lifestyle.
जो तुम जीवनशैली में अपनाना चाहते हो उसे दुहराओ।

133. That's a really important point to contemplate.
यह वास्तव में विचार करने के लिये एक महत्वपूर्ण बिंदु है।

134. Offer flowers to the deity.
देवता पर फूल चढ़ा दो।

135. Offer the offering.
प्रसाद चढ़ा दो।

136. Flowers are getting withered.
फूल मुरझा रहे हैं।

137. This is a dry well.
यह एक सूखा कूआँ है।

138. It's a nasty job.
यह एक बेकार काम है।

139. Let him be alone/leave him alone.
उसे अकेला रहने दो या छोड़ दो।

140. He knows what he wants.
उसे पता है उसे क्या चाहिये।

141. This is from me.
यह मेरी तरफ से है।

142. This is from my husband and me.
यह मेरे और मेरे पति की तरफ से है।

143. Can you hear me?
क्या तुम मुझे सुन सकते हो?

144. It won't be easy.
यह आसान नहीं होगा।

145. Be happy with what you have.
तुम्हारे पास जो है उससे ख़ुश होओ।

146. Just catch your breath.
साँस तो ले लो।

147. I don't want this.
मुझे यह नहीं चाहिये।

148. Don't be upset.
परेशान मत हो।

149. I missed you.
मैंने तुम्हें याद किया या तुम्हारी कमी महसूस की।

150. I'm doing laundry.
मैं कपड़े धो रहा हूँ।

151. Do the dishes.
बर्तन साफ कर दो।

152. Today's my birthday.
आज मेरा जन्मदिन है।

153. Comb your hair.
अपने बालों में कंघी कर लो।

154. Where're you?
तुम कहाँ हो?

155. Don't you know?
तुम्हें पता नहीं है क्या?

156. I don't know anything/I know nothing.
मुझे कुछ नहीं पता है।

157. I'm doing household chores.
मैं घर के काम कर रहा हूँ।

158. Let's go.
चलो चलते हैं।

159. Do I look good?
क्या मैं अच्छा दिखता हूँ?

160. This is my wife.
यह मेरी पत्नी है।

161. Where does he live?
वह कहाँ रहता है?

162. Just around here/nearby.
यहीं पास में।

163. I've to go home.
मुझे घर जाना है।

164. It's too late.
बहुत देर हो चुकी है।

165. Come with me I'll drop you.
आओ मेरे साथ मैं तुम्हें छोड़ दूँगा।

166. Don't be mad.
पागल मत बनो।

167. Don't be stubborn.
जिद्दी मत बनो।

168. It's difficult.
यह मुश्किल है।

169. Who's at the door?
दरवाज़े पर कौन है?

170. I've lost my appetite.
मेरी भूख मर गयी है।

171. You did this/it.
तुमने यह किया।

172. T.V. is on.
टी.वी. चालू है।

173. Don't make faces.
मुँह मत बनाओ।

174. You've become really naughty.
तुम सच में नटखट हो गये हो।

175. Stop being naughty.
शरारती मत बनो।

176. What was he doing?
वह क्या कर रहा था?

177. She asked me what he was doing.
उसने मुझसे पूछा वह क्या कर रहा था।

178. I don't want to talk about it.
मैं इस बारे में बात नहीं करना चाहता।

179. I don't know much.
मुझे ज़्यादा नहीं पता।

180. I don't know much about this.
मुझे इसके बारे में ज़्यादा नहीं पता।

181. Everyone has his/her personal lives.
सबका अपना व्यक्तिगत जीवन होता है।

182. Is this bag yours?
क्या यह बैग तुम्हारा है?

183. No, it's not mine.
नहीं, यह मेरा नहीं है।

184. It might be hers/his.
यह उसका हो सकता है।

185. Get that here.
उसे यहाँ ले आओ।

186. But I'll manage somehow.
लेकिन मैं कैसे भी संभाल लूँगा।

187. What're you doing tomorrow night?
कल रात तुम क्या कर रहे हो?

188. What time will it take?
इसमें कितना समय लगेगा?

189. It's going to take until tomorrow morning.
इसमें कल सुबह तक का समय लगने वाला है।

190. There was very little traffic on the road.
सड़क पर काफी कम ट्रैफिक था।

191. Everything will be alright.
सब कुछ ठीक हो जायेगा।

192. I will never forget this.
मैं इसे कभी नहीं भूलूँगा।

193. What took you so long?
किसमें तुम्हें इतना वक़्त लगा?

194. I have already seen this.
मैंने इसे पहले ही देख लिया है।

195. Can I talk to you?
क्या मैं तुमसे बात कर सकता हूँ?

196. Of course, you can.
बिल्कुल कर सकते हो।

197. It was an amazing experience.
यह एक अद्‌भुत अनुभव था।

198. I'm not finished with you.
अभी तुम्हारे साथ मेरी बात नहीं ख़त्म हुई है।

199. Something weird happened the other day.
उस दिन कुछ अजीब हुआ।

200. The competition is very tough.
प्रतियोगिता बहुत कठिन है।

201. I don't use it much.
मैं इसका बहुत इस्तेमाल नहीं करता हूँ।

202. She got nervous.
वह घबरा गयी।

203. Just keep it simple.
इसको आसान ही रहने दो।

204. It's impressive.
यह प्रभावशाली है।

205. The sun rises in the east.
सूरज पूरब में उगता है।

206. It sets in the west.
यह पश्चिम में डूबता है।

207. What're you worried about?
तुम किस बारे में चिंतित हो?

208. I'm worried about your health.
मैं तुम्हारे स्वास्थ्य को लेकर चिंतित हूँ।

209. How can you say that?
तुम वो कैसे कह सकते हो?

210. You and I will be friends forever.
तुम और मैं हमेशा दोस्त रहेंगे।

211. You helped me indeed.
तुमने सच में मेरी मदद की।

212. Will it be right to do so?
क्या ऐसा करना सही होगा?

213. Did you sign the form?
क्या तुमने फॉर्म साइन किया?

214. How dirty your dress is!
कितनी गंदी है तुम्हारी ड्रेस?

215. Mend your ways.
अपने तरीके या आदत सुधार लो।

216. Has she taken bath?
क्या उसने स्नान कर लिया है?

217. When will the function begin?
समारोह कब शुरू होगा?

218. Don't litter here.
यहाँ गंदगी मत फैलाओ।

219. Go back at once.
तुरंत वापस चले जाओ।

220. Come back as soon as possible.
जितनी जल्दी संभव हो वापस आ जाना।

221. Butterflies hover over flowers.
तितलियाँ फूल पर मंडराती हैं।

222. Not all people are greedy.
सारे लोग लालची नहीं होते हैं।

223. Who could it be?
यह कौन हो सकता है?

224. Kids should not get into bad habits.
बच्चों को ग़लत आदतों में नहीं पड़ना चाहिये।

225. The air conditioner is not working.
एयर कंडीशनर काम नहीं कर रहा है।

226. Further your study.
अपनी पढ़ाई को जारी रखो।

227. He is boiling with rage.
वह गुस्से से उबल रहा है।

228. I'm on your side.
मैं तुम्हारी तरफ हूँ।

229. My fever is gone.
मेरा बुखार उतर गया है।

230. How dare you answer your dad back?
तुम्हारी हिम्मत कैसे हुई अपने पिता को पलट कर जवाब देने की?

231. My little brother follows me everywhere.
मेरा छोटा भाई हर जगह मेरे पीछे घूमता रहता है।

232. How will you manage this all in so little time?
तुम इतना कुछ इतने कम समय में कैसे करोगे?

233. You'll not get a single penny.
तुम्हें एक फूटी कौड़ी भी नहीं मिलेगी।

234. It was a slip of the tongue.
जबान फिसल गयी थी।

235. He can't stand against me.
वह मेरे विरूद्ध टिक नहीं सकता।

236. How do I make you understand?
मैं तुम्हें कैसे समझाऊँ?

237. I have paid earnest money for the property.
मैंने इस प्रॉपर्टी के लिये अग्रिम राशि दे दी है।

238. You spoke out my mind.
तुमने मेरे मन की बात कह दी।

239. Will he ever mend his ways?
क्या वह कभी अपने तरीकों को बदलेगा?

240. Could you do me a little favour, please?
क्या आप मुझपे एक छोटा–सा एहसान करेंगे?

241. Don't you dare say that again!
दुबारा ऐसा कहने की हिम्मत भी मत करना!

242. You're not to miss school.
तुम्हें स्कूल नहीं छोड़ना है।

243. I'm tired of eating pulse and rice daily.
मैं रोज–रोज दाल–चावल खाकर थक गया हूँ।

244. You overthink.
तुम जरूरत से ज़्यादा सोचते हो।

245. Don't overthink.
जरूरत से ज़्यादा मत सोचो।

246. Let's meet tomorrow.
चलो कल मिलते हैं।

247. How old did you turn?
तुम कितने साल के हो गये?

248. What did you ask for?
तुमने क्या माँगा था?

249. I asked for this.
मैंने यह माँगा था।

250. It's no big deal.
यह कोई बड़ी बात नहीं है।

251. I've got an idea.
मुझे एक विचार आया है।

252. It's hard to say.
यह कहना मुश्किल है।

253. I've no choice.
मेरे पास कोई विकल्प नहीं है।

254. It's all my fault.
यह सब मेरी ग़लती है।

255. I've done my best.
मैंने अपना बेहतर दिया है।

256. I'll do my best.
मैं मेरा बेहतर दूँगा।

257. I thought so too.
मैंने भी ऐसा ही सोचा था।

258. She's very tall.
वह बहुत लंबी है।

259. I didn't meet anybody/I met nobody.
मैं किसी से नहीं मिला।

260. This one is better for me.
ये वाला मेरे लिये ज़्यादा बेहतर है।

261. Could you repeat that please?
क्या आप उसे दुहराएंगे?

262. This treat is on me.
यह ट्रीट मेरी तरफ से है।

263. How's the road ahead?
आगे सड़क कैसी है?

264. I'm in a dilemma.
मैं असमंजस में हूँ।

265. Why're you so late today?
आज तुम्हें इतनी देरी क्यों हुई?

266. Don't sit idle.
फालतू मत बैठो।

267. What do I do?
मैं क्या करूँ?

268. Anything that you feel like.
कुछ भी जो तुम्हारा मन करे।

269. I don't think so.
मुझे ऐसा नहीं लगता है।

270. Did you get it/Got it?
क्या तुम समझे?

271. Yes. I got it.
हाँ। मैं समझ गया।

272. I'm here for the first time.
मैं यहाँ पहली बार (आया) हूँ।

273. Where're you from?
आप कहाँ से हो?

274. I've just come/arrived/reached/got here.
मैं अभी यहाँ पहुँचा हूँ।

275. Where're we?
हम कहाँ है?

276. We don't know where we are.
हम नहीं जानते हैं हम कहाँ हैं।

277. Why don't you understand?
तुम क्यों नहीं समझते हो?

278. Take your time. There's no hurry.
जितना समय चाहिए, लो। कोई हड़बड़ी नहीं है।

279. Don't hurry.
हड़बड़ मत करो।

280. There is plenty of time.
काफी सारा वक़्त है।

281. Don't hurry me/rush me.
मुझे हड़बड़ाओ मत।

282. I'm doing as fast as I can.
मैं जितनी जल्दी कर सकता हूँ, कर रहा हूँ।

283. Take my car if you want.
अगर तुम चाहते हो तो मेरी कार ले जाओ।

284. I feel much better.
मैं पहले से काफी अच्छा महसूस करता हूँ।

285. Don't cry.
मत रोओ।

286. After a good cry, I feel much better.
खूब रो लेने के बाद मुझे काफी बेहतर लगता है।

287. What to do next?
आगे क्या किया जाये?

288. I don't know exactly.
मैं ठीक–ठीक नहीं जानता हूँ।

289. Go and welcome them.
जाओ और उनलोगों का स्वागत करो।?

290. He's hot with fever.
वह बुख़ार से तप रहा है।

291. Who do I live for?
मैं किसके लिए जीता हूँ।

292. Whom did he marry?
उसने किसके साथ शादी की?

293. It wasn't easy for me.
यह मेरे लिए आसान नहीं था।

294. You reminded me of somebody.
तुमने मुझे किसी की याद दिला दी।

295. A new family has moved in next door.
एक नया परिवार सामने रहने आया है।

296. We have been together for years.
हम सालों से साथ रहे हैं।

297. I've three cars.
मेरे पास तीन कारें हैं।

298. What do you have?
आपके पास क्या है?

299. She had been lost in thoughts.
वह विचारों में खो चुकी थी।

300. The tree has blossomed.
वृक्ष फल–फूल गया है।

301. It's six now.
अभी छह बजे हैं।

302. I think you got up early today.
मुझे लगता है आज तुम जल्दी उठे।

303. I don't get up early in the morning.
मैं सुबह में जल्दी नहीं उठता हूँ।

304. It's very cold outside.
बाहर बहुत ठंड है।

305. It's 3rd of January today.
आज तीन जनवरी है।

306. How far can you see?
तुम कितनी दूर देख सकते हो?

307. We were just talking about you.
हम तुम्हारे बारे में अभी ही बात कर रहे थे।

308. Stay away from this car.
इस कार से दूर रहो।

309. She's about four feet tall.
वह लगभग चार फीट लंबी है।

310. She has not come yet.
वह अभी तक नहीं आयी है।

311. The result is yet to come.
परिणाम आना अभी बाक़ी है।

312. They always eat together.
वे लोग एक साथ खाते हैं।

313. I had gone there once.
मैं वहाँ एक बार जा चुका था।

314. The train has just left.
ट्रेन अभी निकली है।

315. I advised him not to go there.
मैंने उसे वहाँ ना जाने की सलाह दी।

316. I will try to come on time.
मैं समय पर आने की कोशिश करूँगा।

317. I told her to wait.
मैंने उसे इंतज़ार करने को कहा।

318. She'll be angry to hear this.
वह यह सुनकर गुस्सा होगी।

319. These medicines are to be taken after meal.
इन दवाईयों को भोजन के बाद लेना है।

320. Keep taking these medicines for three months.
ये दवाईयाँ तीन महीने तक लेते रहो।

321. This house needs to be painted.
इस मकान को रंगरोगन कराने की जरूरत है।

322. Taking her advice cost me.
उसकी सलाह लेना मुझे महंगा पड़ा।

323. My back hurts while bending.
झुकने वक़्त मेरी पीठ दुःखती है।

324. This program is worth-watching.
यह कार्यक्रम देखने लायक है।

325. There's a mirror above the wash-basin.
वॉश–बेसिन के ऊपर एक आईना है।

326. My name is above yours in the list.
मेरा नाम सूची में तुम्हारे नाम से ऊपर है।

327. What're you saying?
तुम क्या कह रहे हो?

328. What does she do?
वह क्या करती है?

329. What're you looking for?
तुम क्या ढूँढ रहे हो?

330. What did you tell her?
तुमने उसे क्या कहा?

331. What does she like?
उसे क्या पसंद है?

332. What're you doing these days?
आप इन दिनों क्या कर रहे हैं?

333. What have you seen in Delhi?
आपने दिल्ली में क्या देखा है?

334. Who are they?
वे लोग कौन हैं?

335. Who'll do this?
यह कौन करेगा?

336. Who has done this?
यह किसने किया है?

337. Who is coming?
कौन आ रहा है?

338. Who can do this work?
कौन यह काम कर सकता है?

339. Who's the owner of this shop?
इस दुकान का मालिक कौन है?

340. How do you know this?
आप यह कैसे जानते हो?

341. How do you go to office?
आप ऑफिस कैसे जाते हैं?

342. How's your mother?
आपकी माँ कैसी है?

343. How did you go to Nainital?
आप नैनीताल कैसे गए?

344. How was the weather there?
वहाँ मौसम कैसा था?

345. How old is your son?
आपका बेटा कितने साल का है?

346. How are you feeling now?
आप अब कैसा महसूस कर रहे हैं?

347. How far is Shimla from here?
यहाँ से शिमला कितनी दूर है?

348. Where do you live in Mumbai?
आप मुंबई में कहाँ रहते हैं?

349. Where do they work?
वे लोग कहाँ काम करते हैं?

350. Where are you coming from?
तुम कहाँ से आ रहे हो?

351. Why do you lie?
आप झूठ क्यों बोलते हो?

352. Why are you sitting here?
आप यहाँ क्यों बैठे हो?

353. Why did he commit suicide?
उसने आत्महत्या क्यों की?

354. Why have you come here?
आप यहाँ क्यों आये हैं?

355. Why did you buy this sewing-machine?
आपने यह सिलाई मशीन क्यों ख़रीदी?

356. Whom did you ask?
आपने किससे पूछा?

357. Which book are you reading?
आप कौन–सी किताब पढ़ रहे हैं?

358. Which newspaper do you read?
आप कौन–सा अख़बार पढ़ते हैं?

359. Which dress shall I buy?
मैं कौन–सी ड्रेस ख़रीदूँ?

360. How does he look like?
वह कैसा दिखता है?

361. What time do you get up?
आप कितने बजे उठते हैं?

362. What marks did you get in the examination?
आपको इम्तिहान में कितने मार्क्स मिले?

363. How much money will you need?
आपको कितने पैसे चाहिए होंगे या कितने पैसे की जरूरत पड़ेगी?

364. Which language do you speak?
आप कौन–सी भाषा बोलते हैं?

365. How much time do you read every day?
आप रोज़ कितनी देर पढ़ते हैं?

366. How much is this?
यह कितने का है?

367. What is half of 500?
पाँच सौ का आधा कितना होता है?

368. Which is your favourite movie?
आपकी पसंदीदा मूवी कौन–सी है?

369. How heavy is this table?
यह टेबल या मेज़ कितनी भारी है?

370. She can be late.
उसे देरी हो सकती है?

371. Sheena is my little/younger sister.
शीना मेरी छोटी बहन है।

372. Vikram is my big/elder brother.
विक्रम मेरा बड़ा भाई है।

373. It's Thursday today.
आज गुरुवार है।

374. The day before yesterday was Monday.
परसों सोमवार था।

375. She's not at home.
वह घर पर नहीं है।

376. I know you are very hungry.
मुझे पता है तुम्हें बहुत भूख लगी है।

377. It's 4 now and he has not come yet.
चार बज चुके हैं और वह अभी तक नहीं आया है।

378. I have many friends.
मेरे कई दोस्त हैं।

379. She has long hair.
उसके लंबे बाल हैं।

380. I have trust on you.
मुझे तुम पर विश्वास है।

381. I have a slight pain in my teeth.
मेरे दाँतो में हल्का दर्द है।

382. How much money do you have in your wallet?
तुम्हारे बटुए में कितने रूपये हैं?

383. He was born in Delhi but brought up in Kanpur.
उसका जन्म दिल्ली में हुआ था परंतु परवरिश कानपुर में हुई।

384. Everybody knows (that) smoking is an addiction.
सबको ज्ञात है कि धूम्रपान एक लत है।

385. This dog is ours.
यह कुत्ता हमारा है।

386. Who's knocking at the door?
कौन दरवाज़ा खटखटा रहा है?

387. How far is the bus-station from here?
यहाँ से बस स्टेशन कितनी दूर है?

388. His car has no brakes.
उसकी कार में ब्रेक नहीं है।

389. Her voice is very low.
उसकी आवाज़ बहुत बुझी हुई है।

390. Do you have any proof?
क्या आपके पास कोई सबूत है?

391. Do you have his contact number?
क्या आपके पास उसका फोन नंबर है?

392. That room has no door.
उस कमरे का कोई दरवाज़ा नहीं है।

393. I have only one bike.
मेरे पास केवल एक ही बाईक है।

394. She had an operation last month.
उसका पिछले महीने एक ऑपरेशन हुआ।

395. I was having breakfast that time.
मैं उस समय नाश्ता कर रहा था।

396. He has no control over his own son.
अपने बेटे पर उसका कोई नियंत्रण नहीं है।

397. This diary has more than 200 pages.
इस डायरी में दो सौ से ज़्यादा पन्ने हैं।

398. This is your problem, not mine.
यह तुम्हारी समस्या है, मेरी नहीं।

399. My little brother is five years old.
मेरा छोटा भाई पाँच साल का है।

400. I'll be at home tomorrow.
कल मैं घर पर रहूँगा।

401. Dehradun is the capital of Uttarakhand.
देहरादनू उत्तराखण्ड की राजधानी है।

402. Her skin is very dry.
उसकी त्वचा बहुत रूखी है।

403. This is not her handwriting I bet.
मैं शर्त लगाता हूँ यह उसकी लिखावट नहीं है।

404. We are four sisters.
हम लोग चार बहनें हैं।

405. Have you ever been to Kolkata?
क्या आप कभी कोलकाता गए हैं?

406. How many districts are there is Madhya Pradesh?
मध्य प्रदेश में कितने जिले हैं?

407. She's always busy.
वह हमेशा व्यस्त होती है।

408. How tall are you?
आप कितने लंबे हैं?

409. What's the population of your city?
आपके नगर की कितनी जनसंख्या है?

410. I love these biscuits.
मुझे ये बिस्किट बहुत पसंद हैं।

411. Are you going with her?
क्या तुम उसके साथ जा रहे हो?

412. I have passed the examination.
मैंने इम्तिहान पास कर लिया है।

413. I put your glasses on the table.
मैंने तुम्हारे गिलासों को टेबल पर रख दिया है।

414. Is there any medical store nearby?
क्या पास में कोई दवा की दुकान है?

415. Could you please drop me at the station?
क्या आप कृप्या मुझे स्टेशन पर छोड़ सकते हैं?

416. I'm going to Germany for further education.
मैं आगे की पढ़ाई के लिए जर्मनी जा रहा हूँ।

417. They live above us.
वे हमारे ऊपर रहते हैं।

418. I met him at the railway station.
मैं उसे रेलवे स्टेशन पर मिला।

419. I'll wait for you in the college.
मैं कॉलेज में तुम्हारी प्रतीक्षा करूँगा।

420. Think before speaking.
बोलने से पहले सोचो।

421. I think you should realize.
मुझे लगता है तुम्हें एहसास होना चाहिए।

422. Our shop is behind the school.
हमारी दुकान विद्यालय के पीछे है।

423. I found this pen on the table.
मुझे यह क़लम टेबल पर मिली।

424. You can improve your English by watching short stories and films.
आप अपनी अंग्रेज़ी लघु कहानियाँ और फिल्म देखकर सुधार सकते हैं।

425. I stayed in America for a month.
मैं अमेरिका में एक महीने रहा।

426. I came back yesterday from there.
मैं वहाँ से कल वापस आया।

427. What will happen to it?
इसका क्या होगा?

428. We start losing it.
हम इसे खोने लगते हैं।

429. It's the power we had.
हमारे पास यह शक्ति थी।

430. The more we used, the more it increased.
हमने जितना इसका इस्तेमाल किया, यह उतना बढ़ा।

431. You move away.
तुम दूर चले जाओ।

432. Why should we not move away?
हमें दूर क्यों नहीं जाना चाहिए?

433. Someone else is doing that work for us.
कोई और हमारे लिये वो काम कर रहा है।

434. We used to use that.
हम उसका इस्तेमाल किया करते थे।

435. 20 people could live in one house.
एक मकान में बीस लोग रह सकते थे।

436. We don't even eat together now.
हम तो अब साथ में खाते भी नहीं है।

437. We don't even need to sit and watch our program together.
हमें साथ बैठकर अपने कार्यक्रम देखने की ज़रूरत भी नहीं है।

438. You have yours. I have mine.
तुम्हारे पास तुम्हारा है, मेरे पास मेरा है।

439. We won't even realize.
हमें तो एहसास भी नहीं होता।

440. We started avoiding all this.
हम इन सब से कतराने लगे।

441. We started experiencing it.
हम इसका अनुभव करने लगे।

442. They are coming home 8 at night.
वे रात को आठ बजे घर आ रहे हैं।

443. We are sitting with gadgets.
हम अपने यंत्रों के साथ बैठे हैं।

444. We need to go back to who we used to be.
हमें वापस वो बनने की ज़रूरत है जो हम हुआ करते थे।

445. There has to be a way.
कोई न कोई रास्ता तो होगा।

446. He's brilliant with people.
वह लोगों के साथ बहुत अच्छा है।

447. How do we increase our emotional strength?
हम अपनी भावनात्मक मज़बूती कैसे बढ़ाएँ?

448. Who's not getting affected by surroundings?
कौन वातावरण से प्रभावित नहीं हो रहा है?

449. What would you call bending emotionally?
भावनात्मक रूप से झुकने को आप क्या कहेंगे?

450. You will let other person have their way.
आप लोगों को उनके हिसाब से करने देंगे।

451. Suppose you walk into this room.
मानो कि आप इस कमरे में आते हो।

452. They look at you coming here.
वे आपको यहाँ आते देखते हैं।

453. They just turn away.
वे दूसरी तरफ मुँह घुमा लेते हैं।

454. How're you going to respond?
आप किस तरह प्रतिक्रिया करोगे?

455. We have to be very clear.
हमें बहुत स्पष्ट होना होगा।

456. We are neither going here nor going there.
हम ना तो यहाँ जा रहे ना ही वहाँ जा रहे हैं।

457. Fuel is running but car is not moving.
ईंधन चल रहा है पर कार नहीं बढ़ रही है।

458. One year will pass in that.
उसमें एक साल गुजर जायेगा।

459. This happens to us for a very long period sometimes.
यह कभी–कभी हमारे साथ बहुत लम्बे समय तक होता है।

460. The decision turns out to be wrong.
फैसला ग़लत निकल जाता है।

461. People take decisions for us very quickly.
लोग हमारे लिये फैसले फटाफट ले लेते हैं।

462. They take years to take decisions for their own life.
वे अपनी ख़ुद की ज़िंदगी के लिये फैसले लेने में वर्षों लगा देते हैं।

463. Why should we not take decisions according to what somebody else has said?
हमें किसी और के कहने के अनुसार फैसले क्यों नहीं लेने चाहिए?

464. We have to face the result.
परिणाम का सामना हमें करना होता है।

465. The person who is giving advice can be somebody very close to you.
हमें सलाह देने वाला हमारा कोई क़रीबी हो सकता है।

466. The advice that they will give to us will be absolutely correct.
जो सलाह वो देंगे वो बिल्कुल सही होगा।

467. They'll give the advice based on their capacity.
वे अपनी क्षमता के आधार पर सलाह देंगे।

468. Their capacity may not necessarily match our capacity.
जरूरी नहीं कि हमारी क्षमता उनकी क्षमता से मेल खाए।

469. We are going to make mistake then.
तब तो हम ग़लती करने जा रहे हैं।

470. We have to first check whether we have the capacity to implement the advice.
हमें पहले देखना होगा कि हमारे पास उस सलाह को अमल में लाने की क्षमता है या नहीं।

471. Suppose somebody suggests us to take five rounds of a temple.
मानो कि किसी ने हमें एक मंदिर के पाँच चक्कर लगाने को बोला।

472. The one who is giving advice takes five rounds every day.
सलाह देने वाला रोज़ पाँच चक्कर लगाता है।

473. What's the first thing we say?
सबसे पहले हम क्या कहते हैं?

474. See, what happened because of them.
देखो, उनकी वजह से क्या हुआ।

475. I fell down because of them.
मैं उनकी वजह से गिर गया।

476. It's life of a victim.
यह एक पीड़ित का जीवन है।

477. We don't say we took their advice and fell down.
हम यह नहीं कहते हमने उनकी सलाह मानी और गिर गये।

478. It has to go through process.
इसे प्रक्रिया से होकर गुजरना पड़ता है।

479. Only sit and check with yourself.
बस बैठो और खुद से जाँचो।

480. Make that advice your decision.
उनकी सलाह को अपना फैसला बनाओ।

481. Say to yourself.
खुद से कहो।

482. I'm doing this because I find it right to do it.
मैं यह कर रहा हूँ क्योंकि मुझे यह करना सही लग रहा है।

483. We will be ready to take the responsibility of the consequence then.
तब हम परिणाम की जिम्मेवारी लेने को तैयार होंगे।

484. It's something we can do.
यह कुछ ऐसा है जो हम कर सकते हैं।

485. You'll start to shine, believe me.
आप चमकने लगोगे, मेरा विश्वास करो।

486. Who's sitting next to you?
आपके आगे कौन बैठा है?

487. He is jealous of me.
वह मुझसे जलता है।

488. What line are we going to say?
हम कौन–सी लाइन कहने जा रहे हैं?

489. Nothing around me seems to be going my way.
मेरे आसपास कुछ भी मेरे हिसाब से होता हुआ नहीं दिखता है।

490. I have the power to manipulate you then.
मेरे पास तब तुम्हें अपने मनमुताबिक चलाने की शक्ति है।

491. We need to pause and check.
हमें रूककर देखने की ज़रूरत है।

492. Do I want people around me to be honest?
क्या मैं चाहता हूँ कि मेरे आसपास के लोग ईमानदार हों।

493. Do I want people to say only nice things to me?
क्या मैं चाहता हूँ लोग सिर्फ मुझे अच्छी बातें कहें?

494. They can manipulate us today.
वे हमसे अपनी मनमर्जी करा सकते हैं।

495. They can say things which will make us happy.
वे हमें ख़ुश करने वाली बातें कह सकते हैं।

496. What will that do to the relationship which is standing on a foundation of lies?
यह उस रिश्ते के साथ क्या करेगा जो झूठ की नींव पर खड़ा है?

497. There is no honesty within myself.
मेरे अदंर कोई ईमानदारी नहीं है।

498. I am thinking and feeling something else, speaking something else.
मैं सोच और महसूस कुछ और कर रहा हूँ, बोल कुछ और रहा हूँ।

499. There's no honesty in my relationship.
मेरे रिश्ते में कोई ईमानदारी नहीं है।

500. Once I start doing this, I start getting used to living this way.
एक बार जब मैं यह करने लगता हूँ, मुझे इस तरह जीने की आदत पड़ जाती है।

501. I believe this is the right way of living.
मैं मानता हूँ यह जीने का सही तरीका है।

502. How can you walk up to somebody and say that her dress is not looking nice?
तुम कैसे किसी के पास जाकर कह सकते हो कि उसकी ड्रेस अच्छी नहीं लग रही है?

503. Even when somebody genuinely appreciates you, you won't believe him/her.
जब कोई सच में भी तुम्हारी तारीफ करेगा, तुम उसका विश्वास नहीं करोगे।

504. Did she really like the dress?
क्या उसे सच में मेरी ड्रेस पसंद आयी?

505. She just said for the sake of saying it.
उसने सिर्फ कहने को कह दिया।

506. We know that some people are not being honest.
हम जानते हैं कि कुछ लोग ईमानदारी नहीं बरत रहे हैं।

507. Even when somebody is genuinely giving it to me I am doubting them.
जब कोई दिल से भी दे रहा है मैं उस पर शक कर रहा हूँ।

508. How do I think and feel inside?
मैं अंदर कैसे सोचता हूँ और महसूस करता हूँ?

509. Is every feeling of mine dependent on me?
क्या मेरी हर भावना मुझ पर निर्भर करती है?

510. Is my mind dependent on people and situations?
क्या मेरा मन लोगों और हालात पर निर्भर है?

511. I will get disturbed if they are not my way.
मैं विचलित हो जाऊँगा अगर वे मेरे हिसाब से ना रहें तो।

512. My happiness must not depend on someone outside.
मेरी ख़ुशी किसी बाहर वाले पर निर्भर नहीं करनी चाहिए।

CHAPTER – 7

FREQUENTLY USED/SPOKEN SENTENCES

1. Why are you talking unnecessarily?
   तुम बेवजह क्यों बातें कर रहे हो?
2. We must learn to let go.
   हमें जाने देना अवश्य सीखना चाहिए।
3. I want some more rice.
   मुझे थोड़ा चावल और चाहिए।
4. Leave him alone for some time.
   उसे कुछ वक़्त के लिए अकेला छोड़ दो।
5. You may have to spend more money.
   आपको और पैसा खर्च करना पड़ सकता है।
6. I saw him dance/dancing.
   मैंने उसे नाचते हुए देखा।
7. He is having to go.
   उसे जाना पड़ रहा है।
8. Why are you fretting?
   तुम क्यों चिड़चिड़ा रहे हो?
9. They must have seen you there.
   उन्होंने तुम्हें अवश्य वहाँ देखा होगा।
10. He got used to smoking.
    उसे धूम्रपान की आदत पड़ गई।
11. Can you help me do it?
    क्या आप यह करने में मेरी मदद कर सकते हैं?
12. He should have been an artist.
    उसे एक कलाकार होना चाहिए था।
13. They have to speak.
    उन लोगों को बोलना है।
14. They had to speak.
    उन्हें बोलना था या उन्हें बोलना पड़ा।
15. They will have to speak.
    उन्हें बोलना पड़ेगा या होगा।
16. They have got to do it.
    उन्हें यह करना ही है।
17. She wanted me to talk to you.
    वह मेरे से चाहती थी मैं तुमसे बात करूँ।
18. It's no use justifying yourself.
    खुद को सही ठहराने की कोशिश का कोई फायदा नहीं।
19. He may have forgotten to bring the book.
    वह शायद किताब लाना भूल गया होगा।

20. They are getting used to this environment.
उन्हें इस वातावरण की आदत पड़ रही है।
21. There is nothing wrong in staying silent.
चुप रहने में कोई बुराई नहीं है।
22. She doesn't let me study.
वह मुझे पढ़ने नहीं देती है।
23. He didn't let me play.
उसने मुझे खेलने नहीं दिया।
24. Ideas keep coming up.
विचार आते रहते हैं।
25. They won't let you win.
वे लोग तुम्हें जीतने नहीं देंगे।
26. All this will fade soon.
यह सब जल्द ही धुंधला पड़ जाएगा।
27. These feelings are happening.
ये भावनाएँ हो रही हैं।
28. Know who you truly are.
जानो कि तुम वास्तव में कौन हो।
29. We all have fear of rejections.
हम सबको अस्वीकृत किए जाने का भय होता है।
30. What is it saying?
यह क्या कह रहा है?
31. Who is it impacting on?
यह किसे प्रभावित कर रहा है?
32. Can it be identified?
क्या इसे पहचाना जा सकता है?
33. That does not work that way.
यह उस तरह काम नहीं करता है।
34. Don't be in a hurry.
जल्दी में मत रहो।
35. Can it be found?
क्या यह पाया जा सकता है?
36. Something I would do.
कुछ करूँगा मैं।
37. Just stay wherever you are.
बस वहीं रहो जहाँ भी हो।
38. Feeling is in the body.
एहसास शरीर में है।
39. Stay with it.
इसके साथ रहो।
40. He doesn't get along with his roommates.
उसकी अपने रूममेट के साथ नहीं बनती है।
41. I don't feel like talking to anyone.
मेरा मन नही ंकर रहा किसी से बात करने का।
42. Do you owe him any money?
क्या उसका कोई पैसा उधार है तुम्हारे यहाँ?
43. I dare tell the truth.
मुझमे ंसच कहने की हिम्मत है।
44. He broke the glass out of anger.
उसने गुस्से में आकर गिलास तोड़ दिया।
45. Why aren't you letting him sit?
तुम उसे बैठने क्यों नहीं दे रहे हो?
46. How can you do this to me?
तुम मेरे साथ यह कैसे कर सकते हो?

47. He didn't understand what I said.
    जो मैंने उसे कहा उसे समझ नहीं आया।
48. Could you tell me where the manager is?
    क्या आप मुझे बता सकते हैं कि मैनेजर कहाँ हैं?
49. The day dawned.
    दिन निकला।
50. It got dark.
    अंधेरा हो गया।
51. How is your married life?
    आपकी शादीशुदा ज़िंदगी कैसी है?
52. How is everybody at home?
    घर में सब कैसे हैं?
53. May I know your name, please?
    क्या मैं आपका नाम जान सकता हूँ?
54. How far have you studied?
    आपने कहाँ तक पढ़ाई की है?
55. How long will it take?
    इसमें कितना वक़्त लगेगा?
56. It won't take much time.
    इसमें ज़्यादा वक़्त नहीं लगेगा।
57. It will take 5 minutes only.
    इसमें सिर्फ पाँच मिनट लगेंगे।
58. It takes 25 minutes.
    इसमें 25 मिनट लगते हैं।
59. Where are you from?
    आप कहाँ से हो?
60. I am from Bihar.
    मैं बिहार से हूँ।
61. Could you tell us something about your family?
    क्या आप अपने परिवार के बारे में कुछ बतायेंगे या बता सकते हैं?
62. We are six people at home.
    हम छः लोग हैं घर में।
63. What sort of person are you?
    आप किस तरह के इंसान हैं?
64. The house is spacious/commodious/roomy.
    मकान बड़ा है।
65. When are you moving to the new house?
    आप अपने नये घर में कब जा रहे हो?
66. Are you letting out your house?
    क्या आप अपना घर किराये पर दे रहे हो?
67. There is plenty of water.
    वहाँ ढेर सारा पानी है।
68. There is a well but water is brackish.
    एक कुआँ है लेकिन पानी खारा है।
69. I don't feel like walking fast.
    मेरा तेज़ टहलने का मन नहीं कर रहा है।
70. What language is spoken there?
    वहाँ कौन–सी भाषा बोली जाती है?

71. What is the major occupation of the people there?
वहाँ लोगों का मुख्य व्यवसाय क्या है?

72. It's always sunny there.
वहाँ पर हमेशा धूप रहती है।

73. What day is today?
आज कौन–सा दिन है?

74. What date is today?
आज कौन–सी तारीख है?

75. Which month is running now?
कौन–सा महीना चल रहा है?

76. What do you think about him?
तुम उसके बारे में क्या सोचते हो?

77. What did you ask him?
तुमने उससे क्या पूछा?

78. How often do you go there?
तुम वहाँ कितनी बार जाते हो?

79. How did they escape?
वे कैसे बच निकले?

80. How did you locate the house?
तुमने घर कैसे ढूंढा या तुम्हें घर के बारे में कैसे पता चला?

81. How many rooms are there in that house?
उस मकान में कितने कमरे हैं?

82. How far is it from here?
यह यहाँ से कितनी दूर है?

83. How long will you wait?
तुम कितनी देर इंतज़ार करोगे?

84. Is he binding the book?
क्या वह किताब पर जिल्द चढ़ा रहा है?

85. Is he bringing the file?
क्या वह फाइल ला रहा है?

86. Why are you shouting like this?
तुम इस तरह क्यों चिल्ला रहे हो?

87. Why are you staring (at) me?
तुम मुझे क्यों घूर रहे हो?

88. Why are you telling me all this?
तुम मुझे यह सब क्यों बता रहे हो?

89. Who is that man standing over there?
कौन है वह आदमी जो वहाँ खड़ा है?

90. Who told you that I was busy?
तुम्हें किसने कहा कि मैं व्यस्त था?

91. Whom do you suspect?
तुम्हें किस पर संदेह है?

92. Whom did you come with?
आप किसके साथ आये?

93. Which bus goes to Patna?
कौन–सी बस पटना जाती है?

94. Where are you coming from?
आप कहाँ से आ रहे हो?

95. Where are you now?
आप कहाँ हो अभी?

96. Where have you kept the book?
आपने किताब कहाँ रखी है?

97. Where did you meet him?
आप उससे कहाँ मिले?

98. When did you meet her last?
तुम उससे अंतिम बार कब मिले थे?

99. You have been a great help.
आपने मेरी बहुत मदद की है या आपसे मुझे बहुत मदद मिली है।

100. I will never forget your timely help.
मैं आपकी समय पर की गयी मदद को कभी नहीं भूलूँगा।

101. It was nice of you to arrange everything at a short notice.
आप कितने अच्छे हो कि इतने कम समय में सारी व्यवस्था कर दी।

102. I don't know how to thank you.
मुझे पता नहीं मैं कैसे आपका धन्यवाद करूँ?

103. I really don't know how to express my feelings for you.
मुझे सच में नहीं पता कि आपके प्रति अपनी भावनाएँ कैसे व्यक्त करूँ?

104. Thank you for reminding me.
मुझे याद कराने के लिये शुक्रिया।

105. How dare you talked to me like that?
आपकी मुझसे उस तरह बात करने की हिम्मत कैसे हुई?

106. Were you out of your mind to do such a thing?
क्या तुम्हारा दिमाग फिर गया था जो तुमने ऐसी हरकत की?

107. Stop telling me what to do!
मुझे यह बताना बंद करो कि क्या करना है?

108. Are you trying to make a fool of me?
क्या तुम मुझे बेवकूफ बनाने की कोशिश कर रहे हो?

109. I've come to the end of my patience.
मैं अपने सब्र के आख़िरी पड़ाव पर आ गया हूँ।

110. Don't try my patience.
मेरे सब्र का इम्तिहान मत लो।

111. What the hell do you want?
आख़िर तुम चाहते क्या हो?

112. You keep complaining about something or the other.
तुम कुछ ना कुछ तो शिकायत करते ही रहते हो।

113. What the hell are you doing there?
तुम आख़िर वहाँ कर क्या रहे हो?

114. Do you think I'm not aware of it?
क्या तुम्हें लगता है कि मुझे इसकी ख़बर नहीं है?

115. Behave yourself, otherwise I will neck you out.
तमीज में रहो नहीं तो मैं गर्दन पकड़कर बाहर निकाल दूँगा।

116. How are you concerned with my affairs?
आप मेरे मामले से कैसे जुड़े हैं?

117. Get out of my sight!
मेरी नज़रों से दूर हो जाओ!

118. Don't worry. Everything will go off well.
चिंता मत करो। सब कुछ अच्छे से हो जायेगा।

119. There is no need to worry.
चिंता करने की कोई जरूरत नहीं है।

120. Stop worrying. Everything will be alright.
चिंता करना बंद करो। सब कुछ ठीक हो जायेगा।

121. It was nobody's fault. Why do you worry?
इसमें किसी की ग़लती नहीं थी। तुम क्यों चिंता करते हो?

122. Look. There is nothing to get nervous about.
देखो। परेशान होने की कोई बात नहीं है।

123. Everybody makes mistakes sometimes you know.
हर कोई कभी ना कभी गलती करता है तुम्हें पता ही है।

124. Forget it. Anyone can make a mistake.
यह भूल जाओ। कोई भी ग़लती कर सकता है।

125. I'm sure it was not your fault and everybody knows it.
मुझे पूरा यक़ीन है कि यह तुम्हारी ग़लती नहीं थी और यह सब जानते हैं।

126. Nothing like that will happen again.
ऐसा कुछ फिर कभी नहीं होगा।

127. Why fear when I'm here?
जब मैं हूँ तो फिर डर क्यों?

128. Why fear as long as I'm with you?
जब तक मैं तुम्हारे साथ हूँ तो फिर डर क्यों?

129. I too have the same problem.
मुझे भी यही समस्या है।

130. Tears don't solve any problem.
आँसू से किसी समस्या का समाधान नहीं होता है।

131. There is always a solution to every problem.
हमेशा हर समस्या का समाधान होता है।

132. I will stand by you always.
मैं हमेशा तुम्हारे साथ खड़ा रहूँगा।

133. Whatever is destined to happen, will happen.
जो होना लिखा है, होगा।

134. Life is not suffering all the time.
ज़िंदगी हर वक़्त पीड़ा नहीं है।

135. Nothing can be achieved by feeling depressed like this.
इस तरह दुःखी महसूस करने से कुछ भी प्राप्त नहीं किया जा सकता।

136. What time do you get up in the morning?
तुम सुबह में किस समय उठते हो?

137. What do you have in the morning? Coffee or tea?
तुम सुबह में क्या पीते हो? कॉफी या चाय?

138. Normally, I have tea in the morning.
सामान्यतः मैं सुबह में चाय पीता हूँ।

139. I have a very busy schedule in the morning.
सुबह में मेरी दिनचर्या बहुत व्यस्त होती है। सुबह में मैं बहुत व्यस्त होता हूँ।

140. I just go through the headlines.
मैं बस हेडलाइन देखता हूँ।

141. When do you leave for office?
तुम ऑफिस के लिये कब निकलते हो?

142. Will they come here?
क्या वे यहाँ आयेंगे?

143. Are they coming here tomorrow?
क्या वे कल यहाँ आ रहे हैं?

144. What are you going to do?
तुम क्या करने जा रहे हो?

145. When are you completing the work?
तुम काम कब पूरा कर रहे हो?

146. When are you going to get married?
तुम कब शादी करने जा रहे हो?

147. Are you going with them?
क्या तुम उनके साथ जा रहे हो?

148. When are you going to vacate the house?
तुम मकान कब खाली करने जा रहे हो?

149. How are you going to manage?
तुम कैसे संभालने जा रहे हो?

150. How long are you going to stay there?
तुम कब तक वहाँ ठहरने जा रहे हो?

151. What are you going to do next?
तुम आगे क्या करने जा रहे हो?

152. Will it rain today?
क्या आज बारिश होगी?

153. They are giving the bonus next week.
वे अगले हफ्ते बोनस देने जा रहे हैं?

154. Next week my friend is coming from Mumbai.
अगले हफ्ते मेरा दोस्त मुंबई से आ रहा है।

155. I have to take her to Delhi.
मुझे उसे दिल्ली लेकर जाना है।

156. My friend is getting married next month.
मेरे दोस्त की अगले महीने शादी हो रही है।

157. You just wait there. I'll come and pick you up.
तुम यहीं इंतज़ार करना। मैं आऊँगा और तुम्हें ले जाऊँगा।

158. I will take you there one day.
मैं एक दिन तुम्हें वहाँ लेकर जाऊँगा।

159. I hope they will win.
मैं आशा करता हूँ कि वे जीतेंगे।

160. It's already 8:30. I don't think they will come.
8:30 तो हो चुके। मुझे नहीं लगता वे लोग आयेंगे।

161. They won't mistake me.
वे मुझे ग़लत नहीं समझेंगे।

162. Nobody will believe that.
कोई उसे नहीं मानेगा।

163. They will not listen to me.
वे लोग मेरी नहीं सुनेंगे।

164. He shook his head.
उसने अपना सिर हिलाया।

165. You get to know who you are.
तुम जान पाते हो तुम कौन हो।

166. Your confidence soars.
तुम्हारा आत्मविश्वास बढ़ता है।

167. He sipped from his water bottle.
उसने पानी की बोतल से पानी पिया।

168. He told his audience of two.
उसने अपने दो श्रोताओं को बोला।

169. Could you name a few of those people?
क्या आप उनमें से कुछ लोगों के नाम बता सकते हैं?

170. He rose at dawn.
वह दिन निकलने पर उठा।

171. You come to your work.
तुम अपने काम पर आते हो।

172. The sun comes up.
सूरज निकलता है।

173. That comes your way.
वह तुम्हारे रास्ते में आता है।

174. You'll make quantum leaps in your productivity.
तुम अपनी उत्पादकता में एक लंबी छलांग मारोगे।

175. He walked over to a towering palm tree.
वह ऊँचे ताड़ के पेड़ तक गया।

176. He cleared his throat.
उसने अपना गला साफ़ किया।

177. He chugged some lemon tea.
उसने नींबू की चाय का घूंट लिया।

178. He began to gargle.
वह गरारे करने लगा।

179. He carried on his discourse.
उन्होंने अपना संभाषण या बातचीत जारी रखी।

180. Meditation stops overthinking.
ध्यान से अत्यधिक सोचना बंद हो जाता है।

181. He waved to her.
उसने उसे हाथ से इशारा किया।

182. He added enthusiastically.
उसने उत्साह से आगे बोला।

183. The rays of the morning sun washed over it.
सुबह की किरणों से यह नहा गयी।

184. I'm delivering on my promise.
मैं अपने वादे के अनुसार कर रहा हूँ।

185. This will be unforgettable for you.
यह तुम्हारे लिये अविस्मरणीय हो जायेगा।

186. He greeted her with hugs.
उसने उसका अभिवादन गले लगाकर किया।

187. The children were dancing in puddles.
बच्चे कीचड़ (गड्ढे) में नाच रहे थे।

188. They were spotted swimming there.
वे वहाँ पर तैरते देखे गये।

189. Her breathing sounded shallow and rapid.
उसकी साँसें उथली और तेज़ सुनायी दे रही थी।

190. He reached into a pocket.
उसने एक जेब में हाथ डाला।

191. He pulled out a sealed envelope.
उसने एक बंद लिफाफा निकाला।

192. He handed it to her.
उसने इसे उसके हाथ में दिया।

193. They'll come back in two hours.
वे दो घंटे में वापस आएँगे।

194. He got 33 out of 100.
उसे सौ में से तैंतीस अंक मिले।

195. It's quarter past five/ it's 5:15.
पाँच बजकर पंद्रह मिनट हुए हैं।

196. Do you have any information regarding the theft?
क्या आपको चोरी के बारे में कोई सूचना या जानकारी है?

197. The child couldn't sleep throughout the night.
बच्चा सारी रात सो नहीं सका।

198. Forty students can sit in this classroom.
इस कक्षा में 40 विद्यार्थी बैठ सकते हैं।

199. That black bag in the car is mine.
कार में वह काला बैग मेरा है।

200. I get angry very little/rarely.
मैं शायद ही कभी गुस्सा होता हूँ।

201. I don't like watching the serial.
मुझे सीरियल देखना पसंद नहीं है।

202. I like cooking.
मुझे खाना पकाना पसंद है।

203. I like spicy food.
मुझे मसालेदार भोजन पसंद है।

204. I have pain in my legs.
मेरे पाँवों में दर्द है।

205. I love reading stories.
मुझे कहानियाँ पढ़ना पसंद है।

206. I like shopping.
मुझे ख़रीदारी करना पसंद है।

207. Headphone shouldn't be used much.
हेडफोन का ज़्यादा इस्तेमाल नहीं किया जाना चाहिए।

208. We should stay at home in heavy rain.
हमें तेज़ बारिश में घर में ही रहना चाहिए।

209. Both of my legs moved into mud.
मेरे दोनों पाँव कीचड़ में पड़ गए।

210. Wearing upside down clothes is considered bad omen.
उल्टे कपड़े पहनना अपशगुन माना जाता है।

211. We should leave bad habits as soon as possible.
हमें बुरी आदतों को जितनी जल्दी संभव हो छोड़ देना चाहिए।

212. Bad habits cause loss of self.
बुरी आदतें ख़ुद के नुकसान की वजह बनती हैं।

213. We must become self-independent.
हमें अवश्य आत्मनिर्भर होना चाहिए।

214. I have to buy clothes for myself.
मुझे अपने लिए कपड़े खरीदना है।

215. I have to leave early today.
मुझे आज जल्दी निकलना है।

216. I have to talk to you.
मुझे तुमसे बात करनी है।

217. I'm getting late.
मुझे देर हो रही है।

218. I have to attend a very important seminar.
मुझे एक बहुत महत्वपूर्ण सेमिनार में भाग लेना है।

219. I drink warm water in the morning.
मैं सुबह में गुनगुना पानी पीता हूँ।

220. Drinking warm water is very good for the kidneys.
गुनगुना पानी पीना गुर्दों के लिए बहुत अच्छा होता है।

221. We should read newspaper daily.
हमें अख़बार रोज़ पढ़ना चाहिए।

222. I don't have time for nonsense things.
मेरे पास बकवास चीज़ों के लिए समय नहीं है।

223. We should take care of our health.
हमें अपने स्वास्थ्य की देखभाल करनी चाहिए।

224. Don't waste time in wasteful things.
व्यर्थ की चीज़ों में अपना समय बर्बाद मत करो।

225. We should be optimistic.
हमें आशावादी होना चाहिए।

226. Hardworking people don't quit.
परिश्रमी लोग हार नहीं मानते हैं।

227. This work is pretty easy to do.
यह काम करना काफी आसान है।

228. We all need blessings of God.
हम सभी को ईश्वर के आशीर्वाद की ज़रूरत है।

229. Now it's your turn.
अब तुम्हारी बारी है।

230. Taking is very easy but giving is really difficult.
लेना बहुत आसान है पर देना सच में मुश्किल है।

231. We should perform good deeds.
हमें अच्छे कार्य करने चाहिए।

232. We enjoyed the food a lot.
हमने खाने का खूब आनंद लिया।

233. His life is at stake.
उसका जीवन ख़तरे में है।

234. His father and he work together.
उसके पिता और वो साथ काम करते हैं।

235. He has been injured very badly.
वह बुरी तरह ज़ख्मी हुआ है।

236. We should never give up.
हमें कभी हार नहीं मानना चाहिए।

237. I have unlimited resources.
मेरे पास असीमित संसाधन हैं।

238. I have placed a glass on the table.
मैंने मेज़ पर एक गिलास रखा है।

239. Place that bowl on the kitchen shelf.
रसोई की शेल्फ पर उस कटोरे को रख दो।

240. Greedy people don't care for others.
लालची लोग किसी की परवाह नहीं करते हैं।

241. He blessed Ram and left.
उसने राम को आशीर्वाद दिया और चला गया।

242. You don't deserve my friendship.
तुम मेरी दोस्ती के क़ाबिल नहीं हो।

243. I've come to invite you for the wedding ceremony.
मैं तुम्हें शादी के समारोह में आमंत्रित करने आया हूँ।

244. Have you gone mad?
क्या तुम पागल हो गए हो?

245. Truth can't be hidden for long.
सच्चाई ज़्यादा देर तक छुपी नहीं रह सकती।

246. She's very punctual of time.
वो समय की बहुत पाबंद है।

247. Everybody has to complete his/her work in time.
सबको अपना काम समय से पहले पूरा कर लेना है।

248. Two days from now is Diwali.
अभी से दो दिन बाद दिवाली है।

249. Life is too precious to waste.
जीवन इतना बहुमूल्य है कि इसे व्यर्थ नहीं किया जाना चाहिए।

250. Way out is the way in.
बाहर जाने का रास्ता अंदर आने का रास्ता है।

251. We've to understand the importance of time.
हमें समय का महत्व समझना है।

252. Not a single straw moves without God's will.
ईश्वर की इच्छा के बिना एक तिनका भी नहीं हिलता।

253. We should learn from our mistakes.
हमें अपनी ग़लतियों से सीखना चाहिए।

254. We must keep trying.
हमे कोशिश अवश्य करते रहना चाहिए।

255. We should never get scared.
हमें कभी भी भयभीत नहीं होना चाहिए।

256. He hasn't eaten anything for four days.
उसने चार दिनों से कुछ नहीं खाया है।

257. You can also join us.
आप भी हममें शामिल हो सकते हो।

258. Have mercy on them.
उन लोगों पर दया करो।

259. I'll think about it tomorrow.
मैं इसके बारे में कल सोचूँगा।

260. God has made everything for some purpose.
ईश्वर ने हर चीज़ किसी मक़सद से बनायी है।

261. Why're the students sitting so quietly?
विद्यार्थी इतनी शांति से क्यूँ बैठे हैं?

262. Eat your food slowly. Chew every bite well.
अपना भोजन धीरे–धीरे खाओ। हर कौर को अच्छी तरह चबाओ।

263. I'm shorter than you.
मैं तुमसे लंबाई में छोटा हूँ।

264. She sang a song last night.
उसने कल रात एक गाना गाया।

265. He was chewing something.
वह कुछ चबा रहा था।

266. I didn't know to do it that way.
मुझे इसे उस तरह करना नहीं आता था।

267. The field was packed with audience.
मैदान श्रोताओं से भरा हुआ था।

268. Did you have your breakfast today?
क्या तुमने आज सुबह अपना नाश्ता खाया?

269. They didn't have any luggage with them.
उनके साथ में कोई सामान नहीं था।

270. Had you locked the door before you left?
क्या तुमने निकलने से पहले दरवाज़े में ताला लगाया था।

271. He took out an apple from the fridge and ate it.
उसने फ्रिज से सेब निकाला और खा लिया।

272. Neelam was teaching the children to draw the map of India.
नीलम बच्चों को भारत का नक्शा बनाना सिखा रहा थी।

273. Surabhi wrote an application for leave.
सुरभि ने छुट्टी के लिए एक आवेदन–पत्र लिखा।

274. Who broke the mirror?
आईना किसने तोड़ा?

275. Our friends had arrived just before we got home.
हमारे घर पहुँचने के ठीक पहले हमारे दोस्त पहुँच चुके थे।

276. She showed the house where she was born.
उसने वो घर दिखाया जहाँ उसका जन्म हुआ था।

277. I had brought clothes from the market.
मैं बाज़ार से कपड़े ला चुका था।

278. We had done all the work.
हमने सारा काम निपटा लिया था।

279. Why did you slap Sohan?
तुमने सोहन को थप्पड़ क्यों मारा?

280. Did you go there without informing your father?
क्या तुम अपने पिता को सूचित किये बिना वहाँ गये थे?

281. This house was built some fifty years ago.
यह घर लगभग पचास साल पहले बना था।

282. I bought this dress online.
यह ड्रेस मैंने ऑनलाइन खरीदी थी।

283. While my mother was singing, I was sleeping.
जब मेरी माँ गा रही थी, मैं सो रही थी।

284. The soldiers advanced towards the enemy.
सिपाही शत्रु की तरफ बढ़े।

285. Only a few policemen were on duty this evening.
आज शाम को केवल कुछ ही पुलिसकर्मी ड्यूटी पर थे।

286. I ate in an Indian restaurant.
मैंने एक भारतीय रेस्तराँ में खाया।

287. The restaurant was very good, I loved the food and the service as well.
रेस्तराँ बहुत अच्छा था, मुझे खाना बहुत पसंद आया और साथ ही साथ सर्विस भी।

288. The wind was blowing very fast.
हवा बहुत ज़ोरों से बह रही थी।

289. When did they build this house?
उन्होंने यह मकान कब बनवाया?

290. Where were you yesterday?
कल आप कहाँ थे?

291. My brother wanted to join the army but my father didn't let him.
मेरा भाई थल सेना में जाना चाहता था लेकिन मेरे पिता ने उसे जाने नहीं दिया।

292. I couldn't catch the bus.
मैं बस पकड़ नहीं पाया।

293. I missed the bus this morning.
आज सुबह मेरी बस छूट गयी।

294. I didn't have money to give you yesterday.
कल तुम्हें देने को मेरे पास पैसे नहीं थे।

295. He didn't speak truth.
उसने सच नहीं कहा।

296. I used to eat lots of ice cream in my childhood.
मैं बचपन में ढेर सारी आइसक्रीम खाया करता था।

297. Did you beat him?
क्या तुमने उसे पीटा?

298. Who did this work?
इस काम को किसने किया?

299. Does your father not love you?
क्या तुम्हारे पिता तुम्हें प्यार नहीं करते हैं?

300. This song was very popular in 1970s.
यह गाना सत्तर के दशक में काफी लोकप्रिय था।

301. We watched the movie on Saturday.
हमने शनिवार को फिल्म देखी।

302. He was playing with his sister when we went to his house.
जब हम उसके यहाँ गये वो अपनी बहन के साथ खेल रहा था।

303. I had started my lunch before you came.
तुम्हारे आने से पहले मैं अपना लंच शुरू कर चुका था।

304. The rainbow had disappeared.
इंद्रधनुष ग़ायब हो चुका था।

305. I relaxed while they were working.
मैंने आराम किया जिस समय वे काम कर रहे थे।

306. I did not understand why she was crying.
मैं समझ नहीं पाया वो रो क्यूँ रही थी?

307. They had taken the decision.
वे निर्णय ले चुके थे।

308. All the buses had gone.
सारी बसें जा चुकी थी।

309. He never gave up.
उसने कभी हार नहीं मानी।

310. Some girls were helping the wounded woman.
कुछ लड़कियाँ घायल औरत की मदद कर रही थीं।

311. Who was calling me?
मुझे कौन पुकार रहा था?

312. Did you see my pen somewhere?
क्या तुमने कहीं मेरी कलम देखी?

313. I had bought my new t-shirt from this shop.
मैंने मेरी नयी टी–शर्ट इस दुकान से ख़रीदी थी।

314. There was shortage of food.
खाने की कमी थी।

315. They gave me a gift.
उन्होंने मुझे एक उपहार दिया।

316. I was playing outside with my friends.
मैं बाहर अपने दोस्तों के साथ खेल रहा था।

317. She took good care of her mother.
उसने अपनी माँ का अच्छी तरह देखरेख किया।

318. Juniors arranged a party for the seniors.
कनिष्ठों ने वरिष्ठों के लिए दावत का आयोजन किया।

319. He was preparing for his interview.
वह साक्षात्कार की तैयारी कर रहा था।

320. I got selected.
मेरा चुनाव हो गया या मैं चुन लिया गया।

321. My mother had studied Business Management in 1997.
मेरी माँ ने 1997 में व्यवसाय प्रबंधन किया था।

322. We enjoyed a lot in the party last night.
हमने कल रात पार्टी में खूब मज़े किए।

323. Didn't I help you in the hours of need?
क्या मैंने ज़रूरत पड़ने पर तुम्हारी मदद नहीं की?

324. It has rained heavily this morning.
आज सुबह ज़ोरों की बारिश हुई है।

325. When I switched on the TV, the movie had ended.
जब मैंने टी.वी. खोला, मूवी ख़त्म हो चुकी थी।

326. I bought a new car last week.
मैंने पिछले हफ्ते एक नयी कार ख़रीदी।

327. She had only one purpose in life.
उसका जीवन में एक ही मकसद था।

328. She wanted to teach the children to speak in English.
वह बच्चों को अंग्रेज़ी बोलना सिखाना चाहती थी।

329. When he heard this news, he didn't believe at first.
जब उसने यह ख़बर सुनी, उसे पहले तो विश्वास नहीं हुआ।

330. I forgot to apply for leave.
मैं छुट्टी के लिए आवेदन करना भूल गया।

331. I saw many birds in the zoo.
मैंने चिड़ियाघर में कई पक्षियों को देखा।

332. I received your message yesterday.
कल मैंने तुम्हारा मैसेज या संदेश पाया।

333. He burnt his books.
उसने अपनी किताबों को जला दिया।

334. She taught us good manners.
उन्होंने हमें अच्छे तौर–तरीके सिखाए।

335. Which is whose?
कौन–सा किसका है?

336. I've grown two inches this year.
मैं इस साल दो इंच लम्बा हुआ हूँ।

337. He began to grow his beard.
वह अपनी दाढ़ी बढ़ाने लगा या बड़ी करने लगा।

338. Old habits die hard.
पुरानी आदतें मुश्किल से जाती हैं।

339. Don't bother her.
उसे परेशान मत करो।

340. I am good at it.
मैं इसमें अच्छा हूँ।

341. How is it going?
यह कैसा चल रहा है?

342. What should I do?
मुझे क्या करना चाहिए?

343. My father considers me intelligent.
मेरे पिता मुझे होशियार मानते हैं।

344. You must see this.
आपको यह (अवश्य) देखना चाहिए।

345. She does not know my name.
उसे मेरा नाम नहीं पता है।

346. I didn't do this.
मैंने यह नहीं किया।

347. Have you finished your work?
क्या तुमने अपना काम ख़त्म कर लिया है?

348. I have not eaten anything for two days.
मैंने दो दिनों से कुछ नहीं खाया है।

349. He comes to meet me often.
वह मुझसे अक्सर मिलने आता है।

350. Are you coming along?
क्या तुम साथ आ रहे हो?

351. I am learning English these days.
मैं इन दिनों अंग्रेज़ी सीख रहा हूँ।

352. Is your computer in working condition?
क्या तुम्हारा कंप्यूटर चल रहा है?

353. Father is scolding brother.
पिता भाई को डाँट रहे हैं।

354. The train arrived late by three hours.
ट्रेन तीन घंटे लेट पहुँची।

355. Don't you have patience?
क्या तुम्हें धीरज नहीं है?

356. They don't have patience.
उन्हें धीरज नहीं है।

357. Complete the work quickly.
जल्दी से काम निपटाओ।

358. You can't leave without completing it.
तुम इसे पूरा किये बिना नहीं जा सकते।

359. What is for lunch?
दोपहर के भोजन के लिये क्या है?

360. I might have become a doctor.
मैं शायद डॉक्टर बन गया होता।

361. What have you done for me?
आपने मेरे लिये क्या किया है?

362. I will never forget what you have done for me.
मैं कभी नहीं भूलूँगा आपने मेरे लिये जो किया है।

363. Would you drop me at my home?
क्या आप मुझे मेरे घर छोड़ देंगे?

364. I know you won't get angry with me.
मुझे पता है आप मेरे से नाराज़ नहीं होंगे।

365. You will have a gift from me.
तुम्हें मेरी तरफ से एक उपहार मिलेगा।

366. You'll keep standing until I ask you to sit down.
तुम तब तक खड़े रहोगे जब तक मैं तुम्हें बैठने को नहीं कहता।

367. You need not worry about me.
तुम्हें मेरी चिंता करने की जरूरत नहीं है।

368. Did you see a doctor?
क्या आप डॉक्टर से मिले?

369. Is she responsible for this?
क्या वह इसके लिये जिम्मेवार है?

370. I stood first in the class.
मैं कक्षा में प्रथम आया।

371. I have told him.
मैंने उसे कहा है।

372. All are busy playing.
सब खेलने में व्यस्त हैं।

373. The fault was yours not mine.
ग़लती तुम्हारी थी मेरी नहीं।

374. By what time will you reach there?
तुम कब तक वहाँ पहुँचोगे?

375. What profession are you in?
आप किस पेशे में हो?

376. How much money do you need for this?
तुम्हें इसके लिये कितने पैसे चाहिए?

377. How much money is needed to build a house?
एक मकान बनाने के लिये कितने पैसों की जरूरत पड़ती है?

378. She is the most beautiful of all.
वह सबसे ज़्यादा ख़ूबसूरत है।

379. She is the eldest of all.
वह सबसे बड़ी है।

380. We eat to live.
हम जीने के लिए खाते हैं।

381. Some people live to eat.
कुछ लोग खाने के लिए जीते हैं।

382. She praised him.
उसने उसकी प्रशंसा की।

383. Did you notice?
क्या तुमने ग़ौर किया?

384. He told me this.
उसने मुझसे यह कहा।

385. She always tells lies.
वह मुझसे हमेशा झूठ बोलती है।

386. May I rest here?
क्या मैं यहाँ आराम कर सकता हूँ?

387. Pollution has increased.
प्रदूषण बढ़ गया है।

388. All the guests have left.
सारे अतिथि जा चुके हैं।

389. Isn't it tough?
क्या यह कठिन नहीं है?

390. It is too tough.
यह बहुत कठिन है।

391. She thought me arrogant.
उसने मुझे अभिमानी समझा।

392. You look tired.
आप थके हुए दिखते हो।

393. He resembles his sister.
वह अपनी बहन जैसा दिखता है।

394. She had gone by then.
वह तब तक जा चुकी थी।

395. I had taken bath by then.
मैं तब तक नहा चुका था।

396. Where's the bunch of keys?
चाबियों के गुच्छे कहाँ हैं?

397. The key is missing.
चाबी गुम है।

398. How's your son at study?
आपका बेटा पढ़ाई में कैसा है?

399. He has got poor marks this time.
उसे इस बार ख़राब अंक मिले हैं।

400. Last year he had got really good marks.
पिछले साल उसे वास्तव में अच्छे अंक मिले थे।

401. The fault is not his.
ग़लती उसकी नहीं है।

402. The fault was yours.
ग़लती तुम्हारी थी।

403. What's the date on Monday?
सोमवार को क्या तारीख़ है?

404. What's the date are you coming on?
तुम किस तारीख़ को आ रहे हो?

405. I am coming on 21st of October.
मैं 21 अक्टूबर को आ रहा हूँ।

406. This table is broken.
यह मेज़ टूटी है।

407. You sit on this one.
तुम इस पर बैठो।

408. Such gallantry is rarely seen.
ऐसी वीरता कम ही देखने को मिलती है।

409. Everyone will get a chance.
सबको एक मौका मिलेगा।

410. Everyone got a chance.
सबको एक मौका मिला।

411. Is that your house?
क्या वो तुम्हारा घर है?

412. Someone took my book away.
कोई मेरी किताब ले गया।

413. Would anybody give me some water?
क्या कोई मुझे थोड़ा पानी देगा?

414. You've become frail.
तुम कमज़ोर हो गये हो।

415. Do you want me to get you some tea?
क्या आप चाहते हैं कि मैं आपको चाय पिलाऊं?

416. Yes. I need some tea.
हाँ, मुझे थोड़ी चाय चाहिए।

417. I will then feel better.
तब मुझे थोड़ा बेहतर लगेगा।

418. What else do you want to have?
आपको और क्या चाहिए?

419. Do you want to have some cookies too?
क्या आप कुकीज भी लेना चाहते हैं?

420. Would you like to have some coffee?
क्या आप कॉफी लेना पसंद करेंगे?

421. Would you like some biscuits?
क्या आप बिस्किट लोगे?

422. My mother needs a maid.
मेरी माँ को एक नौकरानी चाहिए।

423. Do you have someone in mind?
क्या तुम्हारी नज़र में कोई है?

424. Are they still sleeping?
क्या वे अभी तक सो रहे हैं?

425. Wake them up now.
अब उन्हें जगा दो।

426. Will you have some?
क्या तुम थोड़ी लोगे?

427. He is just a servant.
वह तो सिर्फ एक नौकर है।

428. The plaster fell on him.
उस पर प्लास्टर गिर गया।

429. There was no other way.
और कोई रास्ता नहीं था।

430. Cut it if you must.
अगर आपको चाहिए ही तो इसे काट लें।

431. I am here eating in this room.
मैं यहाँ इस कमरे में खा रही हूँ।

432. The milk she was carrying fell on her dress.
जो दूध वो ले जा रही थी वो उसके कपड़ों पर गिर गया।

433. Why is it happening with you only?
यह तुम्हारे साथ ही क्यों हो रहा है?

434. Body starts aching.
बदन दर्द करने लगता है।

435. Back keeps aching.
पीठ दर्द करती रहती है।

436. He dirties everything.
वह सब गंदा कर देता है।

437. She gathers courage.
वह साहस जुटाती है।

438. Her face begins to shine.
उसका चेहरा चमकने लगता है।

439. It radiates happiness.
यह ख़ुशी बिखेरता है।

440. Clothes dry in no time.
कपड़े कुछ ही समय में सूख जाते हैं।

441. Children keep dirtying clothes.
बच्चे कपड़े गंदे करते रहते हैं।

442. Mothers keep cleaning them.
माएँ उन्हें साफ करती रहती हैं।

443. Parents make things easy for children.
माँ–बाप बच्चों के लिए चीज़ें आसान कर देते हैं।

444. Children lose confidence in themselves.
बच्चे आत्मविश्वास खो देते हैं।

445. She appeared out of nowhere.
वह पता नहीं कहाँ से आ गयी।

446. The tea is ready.
चाय तैयार है।

447. Take it to the dining-room.
इसे भोजन कक्ष में ले जाओ।

448. Practice deep-breathing.
गहरी साँसों का अभ्यास करो।

449. Pour water into the glass.
गिलास में पानी डालो।

450. When I speak it hurts.
जब मैं बोलता हूँ तो बुरा लगता है।

451. When I don't speak it hurts.
जब मैं नहीं बोलता हूँ तो बुरा लगता है।

452. He slammed the door shut.
उसने धम से दरवाज़ा बंद कर दिया।

453. I lined them.
मैंने उन्हें लाइन में खड़ा किया।

454. I stood in the last.
मैं सबसे पीछे खड़ा हो गया।

455. He saw me sleeping so went.
उसने मुझे सोते हुए देखा इसलिए चला गया।

456. He put the shutter down.
उसने शटर नीचे गिरा दिया।

457. We walked too far.
हम बहुत दूर चले आये।

458. Life didn't happen the way she dreamed once.
जीवन वैसा नहीं हुआ जैसा उसने कभी सपना देखा था।

459. What's going on in your mind?
तुम्हारे दिमाग़ में क्या चल रहा है?

460. Don't push yourself this much.
अपने आप को इतना मत धकेलो।

461. Push yourself because no one else will.
खुद को धकेलो क्योंकि यह कोई और नहीं करेगा।

462. I live my days my way.
मैं अपने दिन अपने अनुसार जीती हूँ।

463. I would relish rather.
मैं बल्कि पसंद करूँगा।

464. Can you lend me yours?
क्या तुम मुझे अपना उधार दे सकते हो?

465. Do it for the time being.
तब तक के लिये यह करो।

466. It's just that they blurt out sometimes.
बस वे कभी–कभी बिना सोचे–समझे बोल देते हैं।

467. It's beyond doubt.
यह संदेह से परे है।

468. Human life is a blessing!
मानव जीवन एक वरदान है!

469. You can't deny it.
आप इससे इंकार नहीं कर सकते।

470. It will take you nowhere.
यह तुम्हें कहीं का नहीं छोड़ेगा।

471. What's in the picture?
तस्वीर में क्या है?

472. I have told my friend to come early.
मैंने अपने दोस्त को जल्दी आने को कहा है।

473. We can stay happy even in adverse situation.
हम विपरीत परिस्थिति में भी ख़ुश रह सकते हैं।

474. What do you do between morning and night?
तुम सुबह और रात के बीच में क्या करते हो?

475. You say you don't know.
तुम कहते हो तुम्हें पता नहीं है।

476. Everything will fall into place.
सब कुछ ठीक हो जाएगा।

477. I will change now and go home.
मैं अभी (कपड़े) बदलूँगा और घर जाऊँगा।

478. Should we book tickets now?
क्या हमें अभी टिकट आरक्षित करना चाहिए?

479. Everybody will fall in love with you.
हर किसी को तुमसे प्यार हो जायेगा।

480. Do you know it feels wonderful after talking to you?
क्या तुम जानते हो तुमसे बात करने के बाद बहुत अच्छा लगता है?

481. You're good for my soul.
तुम मेरी आत्मा के लिए अच्छे हो।

482. There is no class to teach how we should speak.
ऐसी कोई कक्षा नहीं है जो हमें सिखा सके कि हमें कैसे बात करनी चाहिए।

483. It hurts when you speak like this.
जब तुम इस तरह बोलते हो तो तकलीफ होती है।

484. She slid into slippers and went out.
उसने स्लीपर्स पहना और बाहर चली गयी।

485. It's hurting. Get off me.
दर्द कर रहा है। छोड़ो मुझे!

486. They are dancing out of ecstasy.
वे आनंदित होकर नृत्य कर रहे हैं।

487. What's bothering you so much?
तुम्हें कौन–सी बात इतना परेशान कर रही है?

488. The lizard is behind that picture.
छिपकली उस तस्वीर के पीछे है।

489. They are not doing it intentionally, believe me.
वे जानबूझकर ऐसा नहीं कर रहे हैं, मेरा विश्वास करो।

490. Why don't you plan just one thing for a day?
तुम एक दिन के लिए एक ही काम का प्लान क्यों नहीं बनाते हो?

491. She was rolling and I was baking.
वह बेल रही थी और मैं सेंक रही थी।

492. Soon all the rotis were ready.
जल्द ही सारी रोटियाँ तैयार हो गयीं।

493. Dinner was ready to be served.
रात का भोजन परोसे जाने को तैयार था।

494. Someone is hiding there, see!
कोई वहाँ छुपा है, देखो!

495. Do you know how it happened?
क्या तुम्हें पता है यह कैसे हुआ?

496. I don't know how they got into love.
मुझे नहीं पता वे प्यार में कैसे पड़ गये।

497. Buy this just for five rupees.
बस इसे पाँच रुपये में ले लो।

498. You can return if you don't like.
अगर पसंद ना आये तो लौटा सकते हो।

499. I am saying that even now.
वो तो मैं अभी भी कह रही हूँ।

500. We both were awake whole night.
हम दोनों सारी रात जगे थे।

501. I had a tiff with my dad this morning.
मेरे पिताजी के साथ आज सुबह मेरा झगड़ा हुआ था।

502. You will see that things have started changing.
तुम देखोगे कि चीज़ें बदलने लगी हैं।

503. I am happy for no reason.
मैं बेवजह ख़ुश हूँ।

504. He will show us the way.
वह हमें रास्ता दिखाएगा।

505. Why the hell did I expect?
मैंने उम्मीद ही क्यों लगायी?

506. We are walking lot these days.
इन दिनों हम काफी टहल रहे हैं।

507. The best part is we don't get tired at all.
कमाल की बात तो यह है कि हम बिल्कुल नहीं थकते हैं।

508. The more we walk, the more energy we have at the end of the day.
हम जितना ज़्यादा टहलते हैं, हमारे पास उतनी ही ज़्यादा ऊर्जा दिन के अंत में होती है।

509. Someday I will go there and get all the books.
किसी दिन मैं वहाँ जाऊँगी और सारी किताबें ले आऊँगी।

510. I can't make it today.
मैं इसे आज नहीं कर पाऊंगा।

511. I've got a meeting at 5.
मेरी पाँच बजे एक मीटिंग है।

512. Can I have a word?
क्या मैं एक बात बोल सकता हूँ?

513. Everybody else is busy.
बाक़ी सब लोग व्यस्त हैं।

514. There is nobody else.
और कोई नहीं है।

515. There is nobody I can talk with.
ऐसा कोई नहीं है जिससे मैं बात कर सकूँ।

516. How many children have you got?
आपके कितने बच्चे हैं?

517. Wait at the corner.
कोने पर रुको।

518. It's not him.
यह वो नहीं है।

519. I've got nothing to say.
मेरे पास कहने को कुछ नहीं है।

520. We've got him now.
हमें वह अब मिल गया है।

521. You're very organized.
तुम बहुत व्यवस्थित हो।

522. I've got one last question.
मेरा एक आख़िरी सवाल है।

523. Why don't we make a change today?
हम आज बदलाव क्यों नहीं करते हैं?

524. I bet you can't wait to taste it.
मुझे यक़ीन है कि आप इसका स्वाद लेने के लिए इंतज़ार नहीं कर सकते।

CHAPTER – 8

READ OUT LOUD

1. I was sitting and thinking.
   मैं बैठी हुई सोच रही थी।
2. He was holding head in his hand.
   वह अपना सिर पकड़े हुए था।
4. They were looking worried.
   वे चिंतित लग रहे थे।
4. She was sitting next to me.
   वह मेरे बगल में बैठी थी।
5. It was not happening as per my plan.
   यह मेरी योजनानुसार नहीं हो रहा था।
6. I was not going to reveal that secret to anyone.
   मैं वह राज किसी को बताने नहीं जा रहा था।
7. Their face was beginning to fade.
   उसका चेहरा मुरझाने लगा था।
8. He was boiling inside.
   वह अदंर ही अंदर उबल रहा था।
9. I was not saying anything to anybody.
   मैं किसी से कुछ नहीं कह रहा था।
10. They were telling it to everybody.
    वे लोग सबसे यह कह रहे थे।
11. It was coming in all newspapers.
    यह सारे अख़बारों में आ रहा था।
12. My mother was unlocking the door.
    मेरी माँ दरवाज़े का ताला खोल रही थी।
13. They were watching TV sitting on the couch.
    वे सोफे पर बैठे हुए टी.वी. देख रहे थे।
14. He was beginning to understand.
    वह समझने लगा था।
15. Nobody was taking it seriously.
    कोई इसे गंभीरता से नहीं ले रहा था।
16. Truth was unfolding.
    सच सामने आ रहा था।
17. They were hanging the curtains.
    वे परदे टांग रहे थे।

18. We were spreading the bedsheet.
हम चादर बिछा रहे थे।
19. The birds and squirrels were occupying the whole roof.
पक्षियों और गिलहरियों ने सारे छत पर क़ब्जा किया हुआ था।
20. I was enjoying that scene.
मैं उस दृश्य का मज़ा ले रहा था।
21. Nobody was getting benefitted in this way.
इस तरह किसी का फायदा नहीं हो रहा था।
22. My uncle was lighting his cigarette.
मेरे अकंल अपनी सिगरेट सुलगा रहे थे।
23. Somebody was calling his name.
कोई उसका नाम पुकार रहा था।
24. It was appearing difficult first.
यह पहले मुश्किल लग रहा था।
25. The interviewer was testing my patience.
साक्षात्कारकर्ता मेरे धैर्य की परीक्षा ले रहे थे।
26. The furniture was filling the space.
फर्नीचर ने जगह ले रखी थी।
27. I don't think it's funny.
मुझे नहीं लगता कि यह मजेदार है।
28. I don't think it's a good idea.
मुझे नहीं लगता यह एक अच्छा विचार है।
29. I don't think it's worth it.
मुझे नहीं लगता है कि यह इस लायक है।
30. I don't think it's worth your time.
मुझे नहीं लगता कि यह आपके समय के लायक है।
31. He doesn't seem to listen anything.
लगता है वो सुन नहीं रहा है।
32. He doesn't seem to care anymore.
लगता है अब उसे फर्क नहीं पड़ता है।
33. He doesn't seem interested.
लगता है उसे दिलचस्पी नहीं है।
34. He doesn't seem excited.
वह रोमांचित नहीं लगता है।
35. It doesn't seem easy.
यह आसान नहीं लगता है।
36. It doesn't seem difficult.
यह कठिन नहीं लगता है।
37. They don't realise how you feel.
उन्हें एहसास नहीं है कि तुम्हें कैसा महसूस होता है।
38. They don't understand it hurts.
उन्हें समझ नहीं आता है कि तकलीफ होती है।
39. They don't know what they do.
उन्हें पता नहीं है वे क्या करते हैं।

40. They don't think it matters.
वे नहीं सोचते हैं कि यह मायने रखता है।

41. The way we speak defines our class.
हमारे बात करने का तरीका हमें परिभाषित करता है।

42. The way we speak reveals who we are.
हमारे बात करने का तरीका हमारे बारे में सब कुछ कह देता है।

43. The way we treat others says a lot about our personality.
हम किस तरह लोगों से पेश आते हैं वह हमारे व्यक्तित्व के बारे में बहुत कुछ कह जाता है।

44. The way we handle difficult situations describes our strength.
जिस तरह हम मुश्किल परिस्थितियों को संभालते हैं उससे हमारी ताक़त का पता चलता है।

45. I am not telling you not to talk to anyone.
मैं तुम्हें यह नहीं कह रहा हूँ कि तुम किसी से बात ना करो।

46. We are not saying they should not speak to strangers.
हम यह नहीं कह रहे हैं कि उन्हें अजनबियों से बात नहीं करनी चाहिए।

47. She is not saying she won't cook tonight.
वह यह नहीं कह रही है कि वह आज रात खाना नहीं बनाएगी।

48. He is not telling anyone not to stay here.
वह किसी को यह नहीं कह रहा है कि यहाँ मत रुको।

49. Has he stopped walking?
क्या उसने टहलना बंद कर दिया है?

50. Has she misbehaved with you?
क्या उसने तुम्हारे साथ बद्तमीज़ी की है?

51. Has Sakthi learned classical dance?
क्या शक्ति ने शास्त्रीय नृत्य सीखा है?

52. Has Abhinav gone downstairs?
क्या अभिनव नीचे गया है?

53. You are not compelled to go there.
आप वहाँ जाने के लिए बाध्य नहीं है।

54. She is not compelled to follow me.
वह मेरा अनुसरण करने के लिए बाध्य नहीं है।

55. We are not compelled to respond to them.
हम उन्हें जवाब देने के लिए बाध्य नहीं है।

56. I am not compelled to pick up the phone every time it rings.
मैं हर फोन कॉल उठाने के लिये बाध्य नहीं हूँ।

57. They are not compelled to participate in the program.

वे कार्यक्रम में भाग लेने के लिए बाध्य नहीं हैं।

58. It's not that he doesn't know.
ऐसा नहीं है कि उसे पता नहीं है।

59. It's not that I don't understand.
ऐसा नहीं है कि मैं समझता नहीं हूँ।

60. It's not that she doesn't want.
ऐसा नहीं है कि वो चाहती नहीं है।

61. It's not that we avoid him.
ऐसा नहीं है कि हम उसे नज़रअंदाज़ करते हैं।

62. It's not that they don't care.
ऐसा नहीं है कि उन्हें परवाह नहीं है।

63. I kept gaping.
मैं मुँह खोले देखता रहा।

64. She kept sneezing.
वह छींकती रही।

65. He kept thinking.
वह सोचता रहा।

66. We kept insulting him.
हम उसे अपमानित करते रहे।

67. He kept tolerating.
वह सहता रहा।

68. I kept repeating.
मैं दुहराता रहा।

69. They kept negotiating.
वे विचारविमर्श करते रहे।

70. Hatred happens.
नफरत होती है।

71. Love happens.
प्यार होता है।

72. Marriage happens.
शादी होती है।

73. Misunderstanding happens.
ग़लतफहमी होती है।?

74. Complain happens.
शिकायत होती है।

75. Break-up happens.
संबंध टूट जाता है।

76. Patch-up happens.
संबंध वापिस जुड़ जाता है।

77. What are you carrying?
आप क्या ले जा रहे हो?

78. What are you hiding?
आप क्या छुपा रहे हो?

79. What are you picking?
आप क्या उठा रहे हो?

80. What are you reading out to her?
तुम उसको क्या पढ़कर सुना रहे हो?

81. Nobody has time for such silly stuff/things.
किसी के पास इन फालतू चीज़ों के लिए वक़्त नहीं है।

82. Nobody has time to listen to.
किसी के पास भी सुनने का वक़्त नहीं है।

83. Nobody has time to listen to other's problems.
किसी के पास भी दूसरों की समस्याओं को सुनने का वक़्त नहीं है।

84. Nobody has time for anybody.
किसी के पास किसी के लिए वक़्त नहीं है।

85. They have to go somewhere.
उन्हें कहीं जाना है।

86. I have to do it somehow.
मुझे यह किसी तरह करना है।

87. She has to cook now.
उसे अब खाना बनाना है।

88. I have to stay happy.
मुझे ख़ुश रहना है।

89. She has to keep smiling.
उसे मुस्कराते रहना है।

90. What if he doesn't listen?
अगर वो ना सुने तो?

91. What if she won't do?
अगर वो नहीं करेगी तो?

92. What if it happens other way round?
अगर इसके ठीक उल्टा हुआ तो?

93. What if she backs out?
अगर वह पीछे हट गयी तो?

94. You were playing then.
तब तुम खेल रहे थे।

95. She was talking over phone then.
तब वो फोन पर बातें कर रही थी।

96. They were watching movie then.
तब वे लोग फिल्म देख रहे थे।

97. We were getting ready for the party then.
तब हम पार्टी के लिए तैयार हो रहे थे।

98. The mother was worshipping then.
तब माँ पूजा कर रही थीं।

99. My stomach was aching then.
तब मेरा पेट दर्द कर रहा था।

100. I prefer coffee to tea.
मुझे चाय से अधिक कॉफी पसंद है।

101. Anoop prefers fish.
अनूप को मछली ज़्यादा पसंद है।

102. I prefer walking/to walk.
मुझे चलना पसंद है।

103. My dad prefers salt with curd.
मेरे पिता को दही के साथ नमक पसंद है।

104. Her daughter prefers fruit and salad.
उनकी बेटी को फल और सलाद पसंद है।

105. He needs some water.
उसे थोड़ा पानी चाहिए।

106. He needs a break from studies.
उसे पढ़ाई से छुट्टी चाहिए।

107. I need at least 500 sentences.
मुझे कम–से–कम 500 वाक्य चाहिए।

108. He needs a doctor instantly.
उसे एक डॉक्टर की तुरंत जरूरत है।

109. Where did you put my mobile?
तुमने मेरी मोबाइल कहाँ रख दिया?

110. Where did you find this watch?
यह घड़ी तुम्हें कहाँ मिली?

111. From where did you buy clothes?
आपने कहाँ से कपड़े ख़रीदे?

112. Where did you buy this laptop from?
आपने यह लैपटॉप कहाँ से ख़रीदा?

113. When did you come to know this?
आपको यह कब पता चला?

114. When did you leave that school?
आपने वह स्कूल कब छोड़ा?

115. When did you meet Karan?
आप करण से कब मिले?

116. When did you get my letter?
आपको मेरा पत्र कब मिला?

117. I will be there on time.
मैं वहाँ समय पर पहुँच जाऊँगा।

118. I will be there in a moment.
मैं एक पल में वहाँ रहूँगा।

119. I will be with you in some time.
मैं थोड़ी देर में तुम्हारे पास रहूँगा।

120. Walk with your chin up.
अपनी ठुड्डी को ऊपर करके चलो।

121. Walk with your head held high.
अपने सिर को ऊँचा करके चलो।

122. I like reading books.
मुझे किताब पढ़ना पसंद है।

123. I like getting wet in the rain.
मुझे बारिश में भींगना अच्छा लगता है।

124. I like walking in the morning sun.
मुझे सुबह की धूप में टहलना अच्छा लगता है।

125. I like listening to music.
मुझे संगीत सुनना पसंद है।

126. I like playing cricket.
मुझे क्रिकेट खेलना पसंद है।

127. I like people who are frank.
मुझे वैसे लोग पसंद हैं जो स्पष्टवादी होते हैं।

128. I like people who speak the truth.
मुझे सच बोलने वाले लोग पसंद हैं।

129. I like people who work hard.
मुझे वो लोग पसंद हैं जो कड़ी मेहनत करते हैं।

130. I don't like travelling by crowded buses.
मुझे भीड़ से भरे बसों में यात्रा करना पसंद नहीं है।

131. I don't like waiting in queues.
मुझे कतार में इंतजार करना पसंद नहीं है।

132. I don't like watching the T.V. serials.
मुझे टी.वी. धारावाहिक देखना पसंद नहीं है।

133. I don't like sitting idle.
मुझे फालतू बैठना पसंद नहीं है।

134. I don't like your/you going there.
मुझे तुम्हारा वहाँ जाना पसंद नहीं है।

135. I don't like her telling lies.
मुझे उसका झूठ बोलना पसंद नहीं है।

136. He came here last week.
वह पिछले हफ्ते यहाँ आया।

137. He came to meet my father.
वह मेरे पिता से मिलने आया था।

138. He came to my office to ask for money.
वह पैसे माँगने के लिये मेरे ऑफिस आया था।

139. He came along with his wife.
वह अपनी पत्नी के साथ आया था।

140. He came here alone.
वह यहाँ अकेला आया था।

141. Students get used to getting up early.
विद्यार्थियों को जल्दी उठने की आदत पड़ जाती है।

142. Women get used to working.
औरतों को काम करने की आदत हो जाती है।

143. Lawyers get used to speaking.
वकीलों को बोलने की आदत हो जाती है।

144. The patient gets used to groaning.
मरीज़ को कराहने की आदत पड़ जाती है।

145. Soldiers get used to fighting.
फौजियों को लड़ने की आदत हो जाती है।

146. Teachers get used to teaching.
शिक्षकों को पढ़ाने की आदत पड़ जाती है।

147. Dogs get used to barking.
कुत्तों को भौंकने की आदत पड़ जाती है।

148. I do have a horse.
मेरे पास एक घोड़ा तो है।

149. Sita does have a frock.
सीता के पास एक फ्रॉक तो है।

150. Ramu does have a few buffaloes.
रामू के पास कुछ भैंसे तो है।

151. You do have lots of money.
तुम्हारे पास ढेर सारे पैसे तो हैं।

152. I do have time.
मेरे पास समय तो है।

153. Santosh does have understanding.
संतोश के पास समझ तो है।

154. The teacher does have knowledge.
शिक्षक के पास ज्ञान तो है।

155. He does have pride.
उसे घमंड तो है।

156. I do have peace.
मुझे शांति तो है।

157. You do have lots of money.
आपके पास (तो) बहुत पैसा है।

158. I do have a frock.
मेरे पास (तो) एक फ्रॉक है।

159. Ramu does not have four buffaloes.
रामू के पास चार भैंसे नहीं है।

160. She does have a wrist watch.
उसके पास (तो) एक कलाई घड़ी है।

161. Rani does have books.
रानी के पास किताबें हैं।

162. He does have knowledge.
उसके पास ज्ञान है।

163. I do have regret.
मुझे पछतावा (तो) है।

164. My father does have a strong physique.
मेरे पिता के पास मजबूत काया है।

165. They do have greed.
उन्हें लालच तो है।

166. We do have honesty.
हमारे पास ईमानदारी तो है।

167. I do have courage.
मेरे पास साहस तो है।

168. He does have pride.
उसे घमंड तो है।

169. My mother does have experience.
मेरी माँ को अनुभव तो है।

170. Preeti does have books.
प्रीति के पास किताबें तो हैं।

171. The poor do have peace.
ग़रीबों को शांति तो है।

172. She does have bangles.
उसके पास चूड़ियाँ तो है।

173. Renu does have a television.
रेणु के पास टेलीविज़न तो है।

174. This book is worth-reading.
यह किताब पढ़ने के लायक है।

175. This room is worth-living.
यह कमरा रहने लायक है।

176. These bananas are worth-buying.
ये केले ख़रीदने के लायक है।

177. That shirt is worth-wearing.
वह शर्ट पहनने के लायक है।

178. This town is worth-visiting.
यह शहर घूमने लायक है।

179. This box is worth-lifting.
यह बक्सा उठाने लायक है।

180. This couch is worth-sitting.
यह सोफा बैठने लायक है।

181. Those sweets are not worth-distributing.
वो मिठाईयाँ बाँटने लायक नहीं है।

182. This movie is worth-watching.
यह फिल्म देखने लायक है।

183. There is a book here.
यहाँ एक किताब है।

184. There is a post office in my village.
मेरे गाँव में एक पोस्टऑफिस या डाकघर है।

185. There is a shop on the main road.
मुख्य सड़क पर एक दुकान है।

186. There is a theatre in our town.
हमारे शहर में एक थियेटर है।

187. There is a famous temple near my house.
मेरे घर के नजदीक एक प्रसिद्ध मंदिर है।

188. There is a canteen in our factory.
हमारी कारखाने में एक जलपान गृह है।

189. What are you looking at?
तुम क्या देख रहे हो?

190. What is bothering you?
तुम्हें क्या परेशान कर रहा है?

191. Where are you coming from?
तुम कहाँ से आ रहे हो?

192. Why is she rushing unnecessarily?
वह क्यों बेमतलब हड़बड़ा रही है?

193. Why are you rushing me?
तुम मुझे क्यों दौड़ा या हड़बड़ा रहे हो?

194. Who is asking you for suggestion?
आपसे सलाह कौन माँग रहा है?

195. Where isn't it taking place?
यह कहाँ नहीं हो रहा है?

196. Who are you looking for?
तुम किसे ढूँढ रहे हो?

197. Where is she going for her holidays?
वह छुट्टियों के लिये कहाँ जा रही है?

198. What is he speaking of ?
वह किस बारे में बोल रहा है?

199. Who told you what?
किसने तुमसे क्या कहा?

200. How long did the train delay?
ट्रेन कितनी देर से आई

201. Who came to meet you?
कौन तुमसे मिलने आया था?

202. When did he pass away?
उसकी मृत्यु कब हुई?

203. Who abolished 'Sati-Pratha'?
'सती–प्रथा' किसने हटाया?

204. Why did he call off the meeting?
उसने बैठक क्यों स्थगित कर दी?

205. Which year did you pass graduation?
उसने किस साल स्नातक उत्तीर्ण किया?

206. Who stopped you from going there?
किसने तुम्हें वहाँ जाने से रोका?

207. How long did they stroll around the park?
उन्होंने कितनी देर पार्क में सैर किया?

208. Where did I go wrong in my calculation?
हिसाब में मुझसे कहाँ ग़लती हो गई?

209. How well did he live?
वह कितनी अच्छी तरह जिया?

210. What things did you do?
आपने क्या–क्या किया?

211. How many days are there in a week?
हफ्ते में कितने दिन होते हैं?

212. How many months are there in a year?
एक साल में कितने महीने होते हैं?

213. How many rooms are there in this house?
इस मकान में कितने कमरे हैं?

214. How many children are there in your class?
आपकी कक्षा में कितने बच्चे हैं?

215. How many coins are there in your pocket?
आपकी जेब में कितने सिक्के हैं?

216. How many shirts are there in your wardrobe?
आपके अलमारी में कितने शर्ट हैं?

217. How many books are there in that library?
उस पुस्तकालय में कितनी पुस्तकें हैं?

218. How many fingers are there in a hand?
एक हाथ में कितनी ऊँगलियाँ होती हैं?

219. How many stairs are there in Golghar?
गोलघर में कितनी सीढ़ियाँ हैं?

220. How many rivers are there in India?
भारत में कितनी नदियाँ हैं?

221. How many bones are there in human body?
मानव शरीर में कितनी हड्डियाँ होती हैं?

222. How many rings are there in your fingers?
आपकी उंगलियों में कितनी अंगूठी है?

223. How many members are there in your family?
आपके परिवार में कितने सदस्य हैं?

224. How many chairs are there in that room?
उस कमरे में कितनी कुर्सियाँ हैं?

225. How many fans are there in your office?
आपके दफ्तर में कितने पंखे हैं?

226. How many pens are there in your bag?
आपके बैग में कितनी कलमें हैं?

227. He is supposed to come here by nine.
वह नौ बजे तक यहाँ आने वाला है।

228. I am supposed to reach there within five minutes.
मुझे वहाँ पाँच मिनट में पहुँच जाना है।

229. They are supposed to invite us for the party.
वे हमें पार्टी के लिये आमंत्रित करने वाले हैं।

230. The plane is supposed to take off at 5:30.
विमान को 5:30 बजे उड़ान भरनी है।

231. Brides are supposed to veil themselves.
दुल्हनों को घूंघट करना चाहिए।

232. You are supposed to come on time.
आपको समय पर आना है।

233. You are supposed to buy tickets yourself.
आपको ख़ुद टिकट ख़रीदना होगा।

234. Students are supposed to bring admit cards.
छात्रों को प्रवेश–पत्र लाना है।

235. People are supposed to stay silent in Church.
चर्च में लोगों को चुप रहना चाहिए।

236. Vaishali Express is supposed to depart at 12 p.m.
वैशाली एक्सप्रेस दोपहर बारह बजे प्रस्थान करने वाली है।

237. An army officer is supposed to stay disciplined.
एक सेना अधिकारी को अनुशासित रहना चाहिए।

238. We are not supposed to throw anything on the road.
हमें सड़क पर कुछ भी नहीं फेंकना चाहिए।

239. We are supposed to walk on the left side of the road.
हमें सड़क के बायीं ओर चलना चाहिए।

240. All the teachers are supposed to take part in assembly.
सारे शिक्षकों को प्रार्थना सभा में भाग लेना चाहिए।

241. All the students are supposed to participate in cultural programmes.
सारे विद्यार्थियों को सांस्कृतिक कार्यक्रमों में हिस्सा लेना चाहिये।

242. My mother is supposed to get home at night.
मेरी माँ आज रात को घर पहुँचने वाली हैं।

243. We are not supposed to misbehave with our elders.
हमें बड़ों के साथ दुर्व्यवहार नहीं करना चाहिए।

244. He is likely to settle down in London.
उसके लंदन में बसने की संभावना है।

245. They are likely to go tomorrow.
उनके कल जाने की संभावना है।

246. She is likely to call me up.
संभावना है कि वो मुझे कॉल करेगी।

247. It is likely to rain today.
आज बारिश होने की संभावना है।

248. We are likely to visit Shimla next month.
अगले महीने हमारे शिमला घूमने जाने की संभावना है।

249. My mother is likely to come here.
मेरे माँ के यहाँ आने की संभावना है।

250. Monsoon is likely to fall within a couple of days.
कुछ दिनों में मानसून के आने की संभावना है।

251. He is likely to get promotion.
उसकी पदोन्नति की संभावना है।

252. They are likely to change the schedule.
उनके कार्यक्रम बदलने की संभावना है।

253. We are likely to go to India next year.
अगले साल हमारे भारत जाने की संभावना है।

254. He goes on reading.
वह पढ़ता रहता है।

255. They go on talking.
वे बातें करते रहते हैं।

256. She goes on dancing.
वह नाचती रहती है।

257. We go on travelling.
हम यात्रा करते रहते हैं।

258. I go on learning.
मैं सीखते रहती हूँ।

259. What are you talking about?
तुम किस बारे में बात कर रहे हो?

260. Whom are they waiting for?
वे किसका इंतज़ार कर रहे हैं?

261. What is he asking for?
वह क्या माँग रहा है?

262. Who are you looking at?
तुम किसे देख रहे हो?

263. Who am I speaking to?
मैं किससे बात कर रहा हूँ?

264. Tell him to wait for some time.
उसे इंतज़ार करने के लिये कहो।

265. Tell them to come tomorrow.
उन्हें कल आने को बोलो।

266. Tell them to pay money in advance.
उन्हें पहले से पैसे देने को कहें।

267. Tell her to bring her certificate.
उसे सर्टिफिकेट लाने को बोलो।

268. Tell him to pick up the phone.
उसे फोन उठाने को कहो।

269. Ask him whether he is coming.
उससे पूछो क्या वो आ रहा है।

270. Ask them whether they know about it.
उनसे पूछो क्या उन्हें इस बारे में पता है।

271. I have been learning English for one month.
मैं एक महीने से अंग्रेज़ी सीख रहा हूँ।

272. We have been waiting for the bus since 9 o'clock.
हम नौ बजे से बस का इंतज़ार कर रहे हैं।

273. It has been raining for three days continuously.
लगातार तीन दिन से बारिश हो रही है।

274. The baby has been crying for ten minutes.
बच्ची दस मिनट से रोए जा रही है।

275. He has been playing cricket since his childhood.
वह बचपन से क्रिकेट खेल रहा है।

276. He has been looking for a job since he left college.
व्ह कॉलेज के बाद से नौकरी ढूँढ रहा है।

277. I have been watching you.
मैं तुम पर नज़र रख रहा हूँ।

278. How long have you been working here?
आप यहाँ कब से काम कर रहे हो?

279. How long has she been living here?
वह यहाँ कब से रह रही है?

280. Where are you working?
आप कहाँ काम कर रहे हो?

281. Where have you been working?
आप कहाँ काम करते रहे हो?

282. Why are you shouting?
आप क्यों चिल्ला रहे हो?

283. Why have you been shouting?
आप क्यों चिल्लाते जा रहे हो?

284. Attend to the phone.
फोन का जवाब दो।

285. Arrange the books in order.
किताबों को क्रम में रखो।

286. Bolt the door.
दरवाज़ा बंद कर दो।

287. Bring them here.
उन्हें यहाँ ले आओ।

288. Bear in mind.
ध्यान में रखो।

289. Call them in.
उन्हें अंदर बुलाओ।

290. Hide it up somewhere.
इसे कहीं छुपा दो।

291. Make a note of it.
इस बात का ध्यान रखो।

292. Mind the steps.
ध्यान से चलें।

293. Mind your tongue.
अपनी जुबान पर ध्यान दो।

294. Keep your word.
अपनी बात पर कायम रहो।

295. Learn to keep your word.
अपनी बात पर कायम रहना सीखो।

296. Wake him up.
उसे जगा दो।

297. Get dressed quickly.
जल्दी तैयार हो जाओ।

298. Return it safely.
इसे सुरक्षित वापस करें।

299. Keep the change.
छुट्टे रख लो।

300. Reduce the volume.
आवाज़ कम कर दो।

301. Put on your shirt.
अपनी शर्ट पहन लो।

302. Meet them in person.
उनसे व्यक्तिगत रूप से मिलें।

303. Show him around the city.
उन्हें शहर दिखा दो।

304. Throw it out.
इसे बाहर फेंक दो।

305. Take them with you.
इन्हें अपने साथ ले जाओ।

306. Read them aloud.
इन्हें ज़ोर से पढ़ो।

307. Don't talk about that.
उसके बारे में बात मत करो।

308. Don't rush me like this.
मुझे इस तरह मत हड़बड़ाओ।

309. Don't keep the door open.
दरवाज़ा खुला मत रखो।

310. Don't think that you are clever.
मत सोचो कि तुम चालाक हो।

311. Are you afraid of them?
क्या तुम उनसे डरे हुए हो?

312. Are you aware?
क्या तुम्हें पता है?

313. Are the shops open?
क्या दुकानें खुली हैं?

314. What are you driving at?
आप क्या कहने की कोशिश कर रहे हैं?

315. What are you gaping at?
तुम मुँह बाए क्या देख रहे हो?

316. What are you worrying about?
तुम किस बात की चिंता कर रहे हो?

317. What are you thinking of/about?
तुम किस बारे में सोच रहे हो?

318. I feel shy.
मुझे शर्म आती है।

319. I feel thirsty.
मुझे प्यास लगती है।

320. I feel tired.
मुझे थकान महसूस होती है।

321. I feel giddy.
मुझे चक्कर आता है।

322. I feel sleepy.
मुझे नींद आती है।

323. I feel hungry.
मुझे भूख लगती है।

324. I feel guilty.
मैं दोषी महसूस करता हूँ।

325. I feel feverish.
मुझे बुखार जैसा महसूस होता है।

326. I feel powerful.
मैं शक्तिशाली महसूस करता हूँ।

327. I feel energetic.
मैं ऊर्जावान महसूस करता हूँ।

328. I feel enthusiastic.
मैं उत्साहित महसूस करता हूँ।

329. What are you going to do?
तुम क्या करने जा रहे हो?

330. When are you completing the work?
तुम काम कब पूरा कर रहे हो?

331. When are you going to get married?
तुम शादी करने कब जा रहे हो?

332. Are you going with them?
क्या तुम उनके साथ जा रहे हो?

333. When are you going to vacate the house?
तुम मकान कब खाली करने जा रहे हो?

334. How are you going to manage?
तुम कैसे संभालने जा रहे हो?

335. How long are you going to stay there?
तुम कब तक वहाँ ठहरने जा रहे हो?

336. What are you going to do next?
तुम आगे क्या करने जा रहे हो?

337. It sounds interesting.
यह दिलचस्प लगता है।

338. It sounds awful.
यह बहुत बुरा लगता है।

339. It sounds wonderful.
यह अद्भुत लगता है।

340. It sounds unbelievable.
यह अविश्वसनीय लगता है।

341. He sounds worried.
वह चिंतित लगता है।

342. They sound excited.
वे लोग रोमांचित लगते हैं।

343. The first thing I do is to pray.
सबसे पहला काम जो मैं करती हूँ वो है प्रार्थना।

344. The first thing he does is to take tea.
सबसे पहला काम जो वो करता है वो है चाय पीना।

345. The first thing my mother does in the morning is to take shower.
सुबह में सबसे पहला काम जो मेरी माँ करती हैं वो है स्नान करना।

346. The first thing my father does is to go to temple.
सबसे पहला काम जो मेरे पिता करते हैं वो है मंदिर जाना।

347. I don't have time to sleep.
मेरे पास सोने का समय नहीं है।

348. He doesn't have time to talk.
उसके पास बात करने का समय नहीं है।

349. My friend doesn't have time to waste.
मेरे दोस्त के पास बर्बाद करने को वक़्त नहीं है।

350. Yash doesn't have time to play.
यश के पास खेलने को वक़्त नहीं है।

351. He has work to do.
उसके पास करने के लिए काम है।

352. My sister has reasons to smile.
मेरी बहन के पास मुस्कराने की वजह है।

353. He has a request to make.
उसे एक निवेदन करना है।

354. I have money to spend.
मेरे पास ख़र्च करने को पैसे हैं।

355. His father has a beautiful house to live in.
उसके पिता के पास रहने को एक खूबसूरत मकान है।

356. Let me do what I prefer.
मुझे वो करने दो जो मुझे पसंद है।

357. Let him live where he wants.
उसे वहाँ रहने दो जहाँ वह चाहता है।

358. Let the child eat what he likes.
बच्चे को वह खाने दो जो उसे पसंद है।

359. Let my sister go where she wants to go.
मेरी बहन जहाँ जाना चाहती है उसे जाने दो।

360. Let them do what they want to do.

उन्हें वो करने जो वे करना चाहते हैं।

361. I beat him badly.
मैं उसे बुरी तरह पीटता हूँ।

362. He works honestly.
वह ईमानदारी से काम करता है।

363. My student speaks softly.
मेरी छात्रा धीमा बोलती है।

364. He waits for his turn patiently.
वह धैर्य से अपनी बारी की प्रतीक्षा करता है।

365. You speak abruptly.
तुम अचानक बोल उठते हो।

366. He is beaten mercilessly.
उसे निर्दयता से पीटा जाता है।

367. The work is done diligently.
काम लगन से किया जाता है।

368. Songs are played loudly.
ज़ोर–ज़ोर से गाने बजाये जाते हैं।

369. Speech is delivered skillfully.
भाषण कुशलता से दी जाती है।

370. Name is called alphabetically.
नाम क्रमानुसार बुलाया जाता है।

371. I am told to go.
मुझे जाने को कहा जाता है।

372. He is told to forget.
उसे भूलने को कहा जाता है।

373. My mother is told to compromise.
मेरी माँ को समझौता करने को कहा जाता है।

374. Kajal is told to revise the chapters.
काजल को अध्याय दुहराने को कहा जाता है।

375. The maid servant is told to sweep the rooms.
नौकरानी को कमरा बुहारने को कहा जाता है।

376. He talked politely.
उसने विनम्रता से बात की।

377. Indians fought tirelessly.
भारतीयों ने अथक संघर्ष किया।

378. Varsha studied whole-heartedly.
वर्शा ने पूरे मन से पढ़ाई की।

379. She reached promptly.
वह तत्काल पहुँच गई।

380. They voted Congress Party unanimously.
उन्होंने सर्वसम्मति से कांग्रेस पार्टी को मत दिया।

381. I was warned repeatedly.
मुझे बार–बार चेतावनी दी गई।

382. He was insulted intentionally.
उसे जानबूझकर अपमानित किया गया।

383. That girl was humiliated publicly.
उस लड़की को सबके सामने नीचा दिखाया गया।

384. The room was arranged properly.
कमरे को ठीक से व्यवस्थित किया गया था।

385. The food was cooked unwillingly.
खाना बेमन से बनाया गया।

386. The interviewees were asked to wait.
साक्षात्कार देने आये लोगों को प्रतीक्षा करने को कहा गया।

387. Anushka Sharma was invited to dance on the stage.
अनुष्का शर्मा को स्टेज पर डांस के लिये आमंत्रित किया गया।

388. The students were instructed to stay silent.
विद्यार्थियों को शांत रहने का निर्देश दिया गया।

389. I was told to forget everything.
मुझे सब कुछ भूल जाने को कहा गया।

390. The money was collected to buy a house.
मकान खरीदने के लिए पैसा एकत्रित किया गया।

391. We made him dance in front of everyone.
हमने उसे सबके सामने नचाया।

392. It made me realize my mistake.
इसने मुझे मेरी ग़लती का एहसास कराया।

393. He made me cry.
उसने मुझे रूलाया।

394. I made her confess her guilt.
मैंने उससे उसका अपराध क़बूल करवाया।

395. My mother made me write 10 pages.
मेरी माँ ने मुझसे दस पन्ने लिखवाया।

396. I was made to work 12 hours.
मुझसे बारह घटें काम कराया गया।

397. He was made to realize his mistake.
उसे उसकी ग़लती का एहसास कराया गया।

398. They were made to type 100 pages.
उनसे 100 पन्ने टाइप कराये गये।

399. She was made to lie again and again.
उससे बार–बार झूठ बुलवाया गया।

400. He has done something wrong certainly.
उसने पक्का कुछ गड़बड़ किया है।

401. It has happened accidentally.
यह संयोग से हुआ है।

402. He has gone crazy undoubtedly.
वह निस्संदेह पागल हो गया है।

403. They have done this work reluctantly.
उन्होंने यह काम बेमन से किया है।

404. Prices have gone up excessively.
क़ीमतें अत्यधिक बढ़ गयी हैं।

405. This chapter has been finished.
यह अध्याय समाप्त हो गया है।

406. The criminal has been sentenced to lifetime imprisonment.
अपराधी को उम्रक़ैद की सजा मिल गयी है।

407. Environment has been polluted.
वातावरण प्रदूषित हो गया है।

408. The children have been sent to boarding school.
बच्चों को बोर्डिंग स्कूल भेज दिया गया है।

409. The rooms have been messed up.
कमरे अव्यवस्थित हो गये हैं।

410. This house has been sold to buy a new one.
एक नया मकान खरीदने के लिए इस मकान को बेच दिया गया है।

411. Sudha has been invited to meet Amitabh Bachchan.
सुधा को अमिताभ बच्चन से मिलने के लिए आमंत्रित किया गया है।

412. We have been reminded to pay the bill.
हमें बिल का भुगतान करने को याद दिलाया गया है।

413. The party has been organized to celebrate the victory.
जीत की खुशी मनाने के लिए पार्टी का आयोजन किया गया है।

414. The pages have been torn to hide the truth.
सच को छुपाने के लिए पन्ने फाड़ दिये गये हैं।

415. Circumstances make us realize.
हालात हमें एहसास कराते हैं।

416. People make you feel inferior.
लोग आपको कमतर महसूस कराते हैं।

417. I make my daughter work.
मैं अपनी बेटी से काम कराता हूँ।

418. Our self-esteem makes us feel good.
हमारा स्वाभिमान हमें अच्छा महसूस कराता है।

419. He makes everyone laugh.
वह सबको हँसाता है।

420. Students are made to memorize the table.
विद्यार्थियों से पहाड़े याद कराये जाते हैं।

421. We are made to learn lots of things.
हमें कई सारी चीज़ें सिखाई जाती हैं।

422. Varsha is made to speak English.
वर्षा से अंग्रेज़ी बुलवायी जाती है।

423. My son is made to understand.
मेरे बेटे को समझाया जाता है।

424. The patient is made to eat fruit.
मरीज़ को फल खिलाया जाता है।

425. Who makes you write this?
तुमसे यह कौन लिखवाता है?

426. Who makes him work?
कौन उससे काम करवाता है?

427. What makes us feel proud?
हमें किस बात पर गर्व होता है?

428. What makes you think negatively?
किस वजह से आप नकारात्मक सोचने लगते हैं?

429. What makes her do this odd job?
किस वजह से वह यह अजीब काम करती है?

430. He is having to sell his mobile phone.
उसे अपना मोबाइल बेचना पड़ रहा है।

431. I am having to work hard.
मुझे कड़ी मेहनत करनी पड़ रही है।

432. They are having to repent.
उन्हें पछताना पड़ रहा है।

433. We are having to go to Delhi by car.
हमें कार से दिल्ली जाना पड़ रहा है।

434. The poor are having to starve.
ग़रीबों को भूखे मरना पड़ रहा है।

435. It feels good when you come here.
अच्छा लगता है जब तुम यहाँ आते हो।

436. It feels great when it rains.
बहुत अच्छा लगता है जब बारिश होती है।

437. It feels bad when people hold you responsible for their problems.
बुरा लगता है जब लोग अपनी समस्याओं के लिए आप को जिम्मेदार ठहराते हैं।

438. It feels hurt when your loved ones give you a hatred look.
तकलीफ पहुँचती है जब आपके प्रियजन आपको नफरत भरी निगाह से देखते हैं।

439. It feels awesome when I get up before sunrise.
मज़ा आ जाता है जब मैं सूर्योदय के पहले उठ जाता हूँ।

440. He would come to me.
वह मेरे पास आता।

441. I would beat him.
मैं उसे पीटता।

442. She would dance for hours.
वह घटं ों नाचती।

443. They would not worry that much.
वे उतनी ज़्यादा चिंता नहीं करते।

444. We would have lots of fun.
हम खूब मज़ा करते।

445. They would have gone mad.
वे पागल हो गये होते।

446. I would have invited both of them.
मैंने उन दोनों को आमंत्रित किया होता।

447. He would have left home.
उसने घर छोड़ दिया होता।

448. We would have met him.
हम उससे मिले होते।

449. You would have come to know.
तुम जान गए होते।

450. He could have given up smoking.
वह सिगरेट पीना छोड़ सकता था।

451. They could have brought some gift for me.
वे मेरे लिए कोई तोहफा ला सकते थे।

452. You could have hired a rickshaw.
तुम रिक्शा ले सकते थे।

453. That girl could have pulled the chain.
वह लड़की जंजीर खींच सकती थी।

454. I could have punished him.
मैं उसको सज़ा दे सकता था।

455. I should have taken fresh vegetables.
मुझे ताजी सब्ज़ियाँ लेनी चाहिए थी।

456. He should have sold his house.
उसे अपना घर बेच देना चाहिए था।

457. You should have stayed ready.
तुम्हें तैयार रहना चाहिए था।

458. That boy should not have misbehaved with his father.
उस लड़के को अपने पिता के साथ बद्तमीजी से पेश नहीं आना चाहिए था।

459. You should not have bought the ticket.
तुम्हें टिकट नहीं खरीदनी चाहिए थी।

460. It should not have happened.
यह नहीं होना चाहिए था।

461. She is rich enough to buy a car.
इतनी अमीर है कि एक कार ख़रीद सके।

462. He is bold enough to cross the river.
वह इतना साहसी है कि नदी पार कर सके।

463. This water is sufficient enough to quench everyone's thirst.
यह पानी सबकी प्यास बुझाने को पर्याप्त है।

464. Laxman is labourious enough to be successful.
लक्ष्मण इतना मेहनती है कि सफल हो सके।

465. You are intelligent enough to get through civil services exam.
तुम इतने होशियार हो कि सिविल सर्विस परीक्षा निकाल सको।

466. My father is wise enough to handle this situation.
मेरे पिता इतने बुद्धिमान हैं कि इस स्थिति को संभाल सकें।

467. Ram is sure to come from Mumbai today.
राम का आज मुम्बई से आना तय है।

468. India is sure to win the match today.
भारत का मैच जीतना आज तय है।

469. It is sure to rain today.
आज बारिश होना तय है।

470. I am sure to talk to my father.
मेरा मेरे पिता से बात करना तय है।

471. Varsha is sure to pass the examination with flying colors.
वर्षा का अच्छे अंकों से परीक्षा उतीर्ण करना तय है।

472. He is either a thief or a pickpocket.
वह या तो चोर है या जेबकतरा।

473. Shalu is either clever or wise.
शालू या तो चालाक है या बुद्धिमान।

474. You are either labourious or intelligent.
या तो तुम मेहनती हो या होशियार।

475. They are either wicked or jealous.
वे या तो दुष्ट हैं या ईर्ष्यालु।

476. They are either selfish or coward.
वे या तो स्वार्थी हैं या डरपोक।

477. You are neither honest nor hardworking.
ना ही तुम ईमानदार हो ना ही परिश्रमी।

478. She is neither my friend nor my classmate.
वह ना ही मेरी मित्र है ना ही सहपाठी।

479. He is neither greedy nor dishonest.
ना ही वह लालची है ना ही बेईमान।

480. That man is neither old nor young.
वह आदमी ना ही बूढ़ा है और ना ही जवान।

481. They are neither good teachers nor good parents.
वे ना ही अच्छे शिक्षक हैं ना ही अच्छे माता–पिता।

482. This work has to be completed.
इस काम को पूरा किया जाना है।

483. A feast has to be arranged.
दावत का इंतज़ाम करना है।

484. A chair has to be brought.
एक कुर्सी लानी है।

485. This room has to be painted.
इस कमरे को रंगना है।

486. These problems have to be sorted out.
इन समस्याओं को सुलझाना है।

487. I am fond of writing poems.
मुझे कविताएँ लिखना पसंद है।

488. I am fond of reading novels.
मुझे उपन्यास पढ़ना पसंद है।

489. I am fond of listening songs.
मुझे गाने सुनना पसंद है।

490. I am fond of playing guitar.
मुझे गिटार बजाना पसंद है।

491. I am fond of travelling.
मुझे यात्रा करना पसंद है।

492. I won't let you do it.
मैं तुम्हें यह करने नहीं दूँगी।

493. I won't let it happen.
मैं यह होने नहीं दूँगी।

494. I won't let it waste.
मैं इसे व्यर्थ जाने ना दूँगी।

495. I won't let anybody snatch my happiness.
मैं किसी को अपनी खुशियाँ छीनने नहीं दूँगी।

496. I won't let you intrude into my life.
मैं तुम्हें अपने जीवन में दख़लअंदाज़ी करने नहीं दूँगी।

497. I won't let you get into trouble.
मैं तुम्हें मुसीबत में नहीं पड़ने दूँगी।

498. Life is full of compromises.
जीवन समझौतों से भरा पड़ा है।

499. Life is full of surprises.
जीवन अचरजों से भरा पड़ा है।

500. Life is full of challenges.
जीवन चुनौतियों से भरा हुआ है।

501. Life is full of twists and turns.
जीवन उथल–पुथल से भरा हुआ है।

502. Life is full of silly excuses.
जीवन बेकार के बहानों से भरा हुआ है।

503. Life is full of obstacles and choices.
जीवन बाधाओं और विकल्पों से भरा हुआ है।